星雲大師

如是說

我能接受大家嗎？

參

說天下事

前言

星雲大師曾經這麼說：「來世，我會回來看你們。」

緬懷星雲大師，今《星雲大師如是說》套書出版，是大師應答時人、弟子，心開意解的禮物，希望讀者受用。在套書成形過程，我們深刻體認，星雲大師一生是信願行的展現。

「小朋友，你要出家做和尚嗎？」一個因緣。

「要啦！」年方十二的孩子把握住。不懂出家的意義，就這麼回了，一言既出，歷經磨難也不後悔。**是信**：相信自己能、會、可以、做得到！

貧乏的戰亂時代，十七歲的星雲大師得了瘧疾奄奄一息，他的師父志開上人差人送來半碗鹹菜，感動於師父無聲的關懷及期許，發心願盡形壽，將全副身心奉獻給佛教，以報師恩，**是願**。

二十六歲落腳宜蘭雷音寺，以文化、教育為重心實踐願心，成立宜蘭念佛會、佛教歌詠隊、學生會、青年弘法團、環島布教、弘揚大藏經等等，於縫紉機上完成《釋迦牟尼佛傳》、《玉琳國師》。這時，人間佛教藍圖已然擘劃。一九六七年高雄總本山佛光山開山，通過各種布施、結緣，領四眾集體創作，厚積福德因緣六十年，以文化弘揚佛法、以教育培養人才、以慈善福利社會、以共修淨化人心，持續佛光照五洲，**是行**。

大師用一生體證，「信願行」是做人處事、團體共事、利益眾生最方便的法門，是一門「應用管理學」，從個人，到我在眾中的社會，或眾中有我的天下間，道理皆是如此。

星雲大師這期歲月未曾空過，為了佛說的、人要的、淨化的、善美的，用盡人生三百歲，如今以星的光明臨照人間，以雲的姿態雲水時空。大師不要我們仰望，要我們看緊眼前、腳下，見到自己、他人，並於世間創造且隨順因緣，因為，因緣不會辜負我們。

緣著這份星雲大師為人間所帶來的感動，香海編輯團隊自《星雲大師全集．如是說》選編六百篇，析分為《壹說個人事》、《貳說社會事》、《參說天下事》三冊。書裡標出若干大師美好的思想配以繪圖，也必會有我們與大師相應的心裡話，都是大師充滿智慧的祝福跟期許。

大師說人生最大的敵人是自己，更說菩薩一切講說都是叫我們做自己的主人，準備好不怕辛苦，提升、超越自己，與人間、世界廣結善緣了嗎？

別讓星雲大師回首，如回首阿彌陀佛，對我們說：「太慢了！」

星雲大師如是說 參 說天下事

前言 004

1 綜觀大局，注重細節 010
2 六度的精神 012
3 以好話、好事廣結萬人緣 014
4 小燈籠大放光明 017
5 一代要勝過一代 019
6 月亮的啟示 020
7 樹立新形象 023
8 四大宗旨弘揚的重點 026
9 生從何來？死去何處？ 028
10 廣結善緣 030
11 新年十問 032
12 佛法需要普及 034
13 佛法不離世間覺 036
14 佛光人要能「行經」 038
15 善惡都會有結果 040
16 「捨得」帶來喜悅 042

37 要有降魔的戰鬥力 078
38 四個主義 079
39 歡喜就是最好的宗教 081
40 看到內心的寶藏 082
41 明理是第一等人 083
42 給是持戒的精神 086
43 人間佛教是歡喜與融和 088
44 慈悲所在，必能戰勝一切 090
45 大小共存天下一家 092
46 用善念改變人類的未來 095
47 慈悲是幸福之門 096
48 攜手超越輪迴 097
49 一百元帶給社會美好 099
50 精神的富有者 101
51 人間佛教是做出來的 102
52 成佛的十二字真言 104
53 佛館是精神的建設 105

74 會用了才是自己的 137
75 最高管理，合掌低頭 138
76 用知識翻轉未來 139
77 奉獻才有大我的生命 140
78 要有不變的修行 142
79 佛教與寬容共創世界和平 143
80 用光明照破黑暗 145
81 人我融和，世界和平 146
82 我什麼都沒有卻擁有世界 148
83 如何運用心的價值 150
84 以佛心做佛法事業 154
85 佛教要重視傳承 156
86 人生不能代替 157
87 行得正派，活得自在 160
88 捨才能前進 162
89 無理走遍天下 165
90 從心找到自己 167

17 不動心的管理藝術 044
18 度量決定一切 045
19 有緣走遍天下 047
20 住持主管十大不能 049
21 公私要分明 051
22 般若即是本來面目 054
23 建立常住觀念 056
24 慈悲是最重要的戒 057
25 常隨佛學 058
26 一個修道者的完成 060
27 信仰的條件 062
28 領導的七個條件 067
29 安樂富有 068
30 每天要成就好事 069
31 集體創作力量大 070
32 平等的觀念 072
33 諦聽草木說法 073
34 以忍為力 074
35 理念是財富 076
36 萬能領導人 077
54 有用的人懂得想辦法 106
55 行佛是成佛之路 108
56 行腳托缽的真義 109
57 佛光山未來的方向 111
58 空中生妙有的真理 112
59 住持要有供養心 113
60 無我推動世界和平 114
61 無我成就一切 116
62 六度波羅蜜 118
63 禪門的自覺教育 119
64 領導人的條件 121
65 難遭難遇 123
66 由自心建立淨土 124
67 世間無常國土危脆 125
68 天下一家人 126
69 生命的禮讚 128
70 成佛才算是成功 130
71 一流的管理是用真心 131
72 清貧是心靈環保 133
73 福禍是共業所成 135
91 人生要什麼？ 168
92 結一份佛緣 170
93 把握現在，創造未來 173
94 現在影響未來 174
95 四海一家，應相互尊重 176
96 擁有真理的存款 178
97 受人恭敬之道 179
98 以和為尚 180
99 讓年輕人出頭 182
100 四大菩薩的管理學 183
101 悟，超越外相形體 185
102 最高的管理是尊重 186
103 信仰可成為力量 188
104 般若的四等層次 190
105 用慈悲停止世界的戰爭 191
106 三好運動可以改變世界 192
107 佛教也重視財富 194
108 人生應訂定生涯規劃 196
109 我怎樣走向世界 199
110 在黑暗中也能得道 201

111 於無錫闡述「世界公益」203
112 心業時代 206
113 道無古今 207
114 能捨者必能得 208
115 善心創大學，大學育英才 210
116 普賢十大願 211
117 以愛相待尋求和平 214
118 佛館要讓人感受佛的慈悲 215
119 佛陀紀念館之美 218
120 佛經四句話 220
121 堅守「正派」222
122 忘不了，都是有緣人 224
123 人間佛教的意義 226
124 人間需要菩薩 227
125 出家三寶 229
126 「佛祖巡境・全民平安」231
127 延續佛教慧命 232
128 星雲大師一筆字 233
129 有佛法就有辦法 234
130 世界是大家共有的 236
151 天下的威儀就在此中 263
152 感謝佛恩的人生 266
153 人生佛教與人間佛教 268
154 「八宗兼弘」的理念 270
155 和諧共存的世界夢 272
156 心永遠跟隨我們流轉 273
157 佛光山的管理法 274
158 傳承才能燈燈相映 275
159 慈悲、無我讓世界和平 276
160 信願行，修道三資糧 277
161 善惡業力能否功過相抵？278
162 吃普茶 280
163 如何才能達到世界和平？282
164 佛教最大的挑戰？283
165 四眾弟子要共同發展佛教 285
166 空無之家 287
167 小小戒可捨 288
168 平安幸福到五洲 289
169 佛佛道同，光光無礙！291
170 跳探戈的進退之道 293

131 創建佛光山的理念237
132 雲水書車溫暖偏鄉人心239
133 佛教藝術是弘法最好方式240
134 成功來自因緣241
135 佛教管錢是因果管理242
136 有平等心，才是真功德244
137 正派宗教成為社會光明246
138 有佛法就有舞台247
139 佛法寰宇周249
140 禪門生活，沒有大小250
141 沉睡的人兒做什麼夢？251
142 真理的條件252
143 吃飯，也是一種修行253
144 文化的力量無遠弗屆254
145 從講說到服務的佛教255
146 建立正信要很長的時間256
147 禪是一法攝百法258
148 待人好的法術259
149 在佛光山不必問前途260
150 佛祖是人做的262
171 培養人才294
172 普世的人間佛教295
173 這個世界就是一座博物館297
174 兼善天下不獨善其身299
175 修補這顆心300
176 我這一生都是講人生哲學302
177 人間佛教是覺悟的教育303
178 提升心靈八個方向304
179 普賢十大願306
180 以法為尊的清規308
181 來世再相見310
182 功德不是用價格衡量312
183 一生都沒有改變過313
184 將佛聲傳遍天下314
185 病後字315
186 叢林普茶，我在眾中318
187 信仰使生命洋溢真善美319
188 關注全球疫情320
189 慈悲發心，隨力隨緣321
190 處世無畏，和平共存322

1 綜觀大局，注重細節

一九七九年十二月四日上午八時，大師帶領師生大眾一同巡山，隨行者有慈惠、慈容、心定、依嚴法師等職事、同學數十人。

巡山路線從大悲殿開始，大師站在丹墀說明：「學院與大悲殿間的圍牆建築，是從實用上著想。圍牆正面設三道門，平時不輕易打開，只有早晚課及上供時候才開。鐘樓與圍牆交接處，設有小門，以利出入。大門開關則設於學院內側，以保有修道院的安全性及寧靜氛圍。另外，圍牆要加蓋琉璃瓦屋頂，才能彰顯出宮殿樓閣式的仿古韻味。」

行至後山，大師指著一處狹長的十八甲土地，慨嘆女眾寮區不易建築，如果能順利完成，將會是一處完善的修道場所，可居高臨下，不受干擾。

接著由後山經太子龍亭，走上山間小徑，直達大雄寶殿後方一片栽滿果樹的廣大平坦土地。大師預備在此處蓋一座禪堂，採不設窗戶的密閉式空間，輔以空調設備；這樣的設計，對於禪修者，可以提升專注力。

順著大雄寶殿、朝山會館而下，來到靈山勝境上方的七重欄楯處，大師與眾人在一棵龍眼樹下休息。大師環視周圍，認為此處若能豎立碑林，蒐集各種佛教序文，陳列於此，也可為文化的弘傳，貢獻一份心力。

欄楯雖已砌成，但大師覺得過於單調，如果能刻上浮雕，更能呈現藝術之美。大師說：「庭園設計也是禪宗必修科目之一，可以訓練一個人的修養，能耐煩、細心、安然自在，乃至不怒、不躁。」

最後大師勉勵眾人：「創業維艱，守成更難，凡事要有遠見、有魄力、有理想，要能綜觀大局、留心細節，又須具備承擔一切困難阻礙的勇氣。肯盡心盡責，則可無事不辦，無事不成。」

2 六度的精神

一九八〇年一月二十日，大師從美國搭機回台。

按照往例，大師出遠門回來，為了不使全山大眾失望，特別在朝山會館龍廳為大眾開示。晚間八時，大眾已經濟濟一堂的引頸等候著。

大師首先說明美國建寺的情況，接著分享此行心得。

大師說：「美國、日本，號稱已開發國家，這次深深體會到『開發』二字之意，也發覺到美國民族性的可愛。」

「請問師父，什麼條件才能達到『已開發』的標準？」一個徒眾提問。

大師說：「開發，不只是在建築上、物質上層次不同，更重要的是以人民教育程度、守法精神、慈悲心來決定。總說就是思想開發、心境開發、水準臻上的意思。舉個例子：我們到天主教興辦的一所大學拜訪，由於提前半小時抵達，就在校門口等候接待人員。一位中年女士遠遠見到我們，就走了過來，親切地問：『有什麼需要我服務的嗎？』而不是說：『你來幹什麼的！』兩句話意思雖同，但發揮的效果卻不同。

為什麼美國可以如此強大、富樂？雖然他們不知道佛教裡的『六度』之意，但在他們的一舉一動中，卻具有六度的精神，時時給人微笑布施、歡喜布施。所以，佛教在美國是大可發展的。」

3 以好話、好事廣結萬人緣

一九八〇年十一月二十二日，萬緣水陸法會舉行的第二天，大師開示信眾。

大師如是說：我們現在共同站立在最高的大佛座前舉行萬緣法會，希望所有參加的各位，慢慢體會佛法中的最究竟、最根本的道理——「緣」。

平時我們就要廣結人緣，現在更要進一步的結佛緣，當你和某人結緣後，那人就給你方便；當你和萬人結緣後，就有萬人來幫助你，現在非但要與萬人結緣，並且要更進一步的與諸佛結緣，諸佛菩薩的慈光就能加被你、攝受你，使你吉祥如意。

「緣」之一字，有甚深的意義，我們做人處事，每天生活，哪一樣事物能離開「緣」？人與人之間的相處，又怎能離開了緣？

如果某人做事處事順利，我們就說那人「有人緣」；如果老是遇到挫折，處處碰壁，我們就覺得那是「因緣條件不具足」，也就是缺乏廣結善緣的緣故。

我們怎樣來結緣呢？

有時對人說一句好話——用好話來結緣。

有時幫人做一件好事——用好事來結緣。

甚至於與人點個頭，微笑一下，也是結緣。凡是布施、助人為善者，皆能廣結善緣。

過去我們也常常結緣，但只局限於與個人或親友結緣，現在各位參加了萬緣法會，能與十方大眾廣結萬人之緣。

希望參加過萬緣法會的各位，法會圓滿後，要將圓滿的功德帶回去，要和家人結緣而勿結怨；不論是我們的朋友，或是任何認識不認識的社會大眾，都要和他們結個善緣。

各位不辭路途遙遠，於百忙中來到佛光山參加法會，就算只參加過一枝香，也都種下了將來得度的因緣。

佛光山由於還在工程建設之中，各位來到山上，如招待不周，要請諒解；

我們是來與佛結緣的，所以世俗的享受不要太介意。《維摩經》云：「為法而來，非為床座而來。」既為結佛緣而來者，豈可結「生氣之緣」而回去耶？

大佛城的這尊大佛，便是集眾緣而成。在開光那天，我曾說過四句話：

取高屏之砂石，挑西來之泉水；

集全台之人力，建最高之大佛。

砂石也好，泉水也好，人力也好，大佛也好，這一切均由一「緣」字所成就者。希望我們也和這尊大佛一樣，能以慈眼視眾生，永遠做個世間的有緣人。

各位到佛光山來，能夠生起歡喜心，就是與佛結緣；能夠生起讚歎心，也是與佛結緣。回到家裡之後，能將好事、好話廣為傳播，則能更加的廣結萬緣。

萬緣法會將於明午圓滿，在三寶座前，願大家都受到三寶的加被，事事如意。

4 小燈籠大放光明

一九八一年三月七日，
大師於朝山會館為中視製作的《信心門》節目錄影。

大師說：「小燈籠！你要下山去找你的師父，這也是你的一片誠心；你要記住師父的話，要燃燒自己，照亮別人。我現在再告訴你，你不要把燈籠的光看成是微弱的，你要知道，一燈可以燃百燈，百燈可以燃千燈，燈燈無盡，光光無礙。偉大的事業從小處著手，萬里的路程也是從一步開始的。所以，我希望你能發揮你名字的意義，把你的燈籠之光，照遍全宇宙人類。」

編按：《信心門》製作人為周志敏女士，節目主角原為「小蝸牛」——柳健全，因年屆役齡，於是再安排另一位「小燈籠」的主角，增加節目內容的精采。

5 一代要勝過一代

一九八二年十二月十六日，大師為徒眾解惑。

一位入門未久的徒眾，正色地提出問題：「師父！常聽到一句話說：麻布袋，草布袋，一袋（代）不如一袋（代）。我們這一代的佛光人，真的會這樣嗎？」

大師慈祥地回答說：「近一年來，感覺到佛光山的大家，有一個很好的現象，已經是一代超越一代了。為什麼呢？我記得過去一些剛出家的徒眾，經常想回家。但是近來發心出家的弟子，離俗遠親的道念，就勝過上一代。

剛入門的弟子要超越大師兄們，需要時間磨鍊、沉澱，所謂『十年樹木，百年樹人』，每一個人才的培養，沒有十年以上的時間，是不容易有成就的。我的觀察是：麻布袋，尼龍袋，一袋（代）勝過一袋（代）。」

6 月亮的啟示

一九八三年九月二十一日晚上七時三十分（中秋節），全山大眾在大雄寶殿前的成佛大道賞月。

對於剛入門的學生，在中秋節無法回家與家人過節，或許倍感思親，大師開示：「學佛了，不要一心一意只思念自己的家人，應該要顧念到廣大的眾生。」

接著，大師與眾人談心論道，以「月亮的啟示」為題說明月亮的本性是：

一、圓的：我們做人處事，要如月亮之圓滿，若做事常遭人批評指責，就是不圓滿；不僅我們個人要圓滿，更要促進全人類的圓滿。

二、明的：光明對人生很重要，我們要以自己的光來普照大地。如慈悲之光、智慧之光、道德之光、能力之光等，其實「光」原本就在我們的心裡——心光。學佛就是要發掘自己的心光，何必一定要依賴有形的月光？

三、美的：佛法中的美，並非只在形式上，而是精神上的認同。外在的美不是真正的美，發自內心的慈悲、善良才是真美。要從人格上、風度上、心地上，表現出莊嚴的美。一般世俗上的美，膚淺且不實在，所以我們要從精神上要求人格的完美。

四、淨的：乾淨、潔淨、雅致的淨。「佛法無量義，皆以淨為本」，僧團以清淨為要。個人心地要清淨，人格才會完美；所以要先著手將思想、觀念、行為、語言等都淨化起來。

五、常的：常久的、恆常的。我們發心學佛，應該保有恆常心。心要如月亮，縱有烏雲遮蔽，但還是有明亮的時候，要將月亮的光永遠發揮出來。道心要如月亮，具有恆常性，這樣真如自性就不會被烏雲遮蔽。因法身本體不會消滅，所以要找出心靈的明月。

阿姆斯壯登陸月球時，講過一句話：「這雖是我個人的一小步，卻是全人類歷史上的一大步！」不管日也好、月也好，它們向前轉動的巨輪不曾停歇，我們人生也該如此勇往直前。在我們自性裡，對日月之光、大地之光，該有更進一步的認識，應該要將世間事物常與佛法相應，如「菩薩清涼月，常遊畢竟空；眾生心垢淨，菩提月現前」。

7 樹立新形象

一九八五年二月十三日，大師在「師徒時間」開示。

大師為了推行「人間佛教」的理念，風塵僕僕於海內外各地弘法利生。特地於佛學院放寒假、徒眾回歸常住期間開闢「師徒時間」，每晚七時在叢林學院懷恩堂與徒眾共聚，解答各種疑問。

大師自喻為一口大鐘，大叩則大響、小叩則小響。只要同學提出問題，如同叩鐘獲得回響。

本年度師徒時間中，大師為徒眾應努力的目標，訂出四個方向：

一、樹立佛教新形象：過去佛教給人的印象，是消極、迷信、落伍、灰色人生、閉關、苦行……。今日的警察、兵役都樹立了新形象，一改以往留存在群眾心中的舊觀感，唯有不斷地改革自己，才能扭轉既有的成見。因此，我們佛教今日也要呈現新形象，積極、樂觀、正信、進步，成為多采多姿的人間佛教。

二、佛教現代化：佛光山的一切建設，回歸佛陀本懷；將淨土極樂世界搬到人間來，符合社會需要，順應時代潮流。我們之所以要現代化，是要讓知識分子、學者來肯定佛教，也讓時下青年前來共同參與。所以，我們要建立現代化的教團，發展現代化的教育、文化。大師也提到，自己還有二個未完成的心願：一是辦一份報紙，二是辦一所佛教大學，培植佛教人才。

三、包容性：佛教的精神就是能容。過去各宗派間，因為彼此能尊重包容，所以中國才有八宗並立的榮景。今日我們也要有此氣度胸懷，各宗教間要和諧共處，世界就能和平。

四、統一、動員、團結：統一佛教的禮儀規章，便於佛教徒的應用；辦各種活動，動員信徒大眾來加入弘法利生的行列；唯有團結才有力量，因此我們要為佛教、為常住效力。

最後，永融法師提問：「師兄弟間如何相處？朋友間該如何交往？」

大師以「手上的爛瘡」比喻，我們之所以會敷藥保護，那是因為「我的」，因此只要師兄弟正知正見、忠貞，不違國法、不犯戒法，彼此都要互相包容、友愛。

大師同時提出了「六方」：和平、容忍、尊敬、親近、原諒、讚美。謹防私交，不落入情「枷」愛「鎖」，希望我們只有公誼，以道交友、以學交友，養成「我不屬於任何一個人」、「我是屬於佛教」、「我是屬於眾生」的觀念。

8 四大宗旨弘揚的重點

一九八九年五月二十九日，宗務委員會所屬各院會暨住持單位主管聯席會議，於本山麻竹園法輪堂召開，住持心平和尚恭請大師出席指導。

大師說：

一、對來山發心的義工，要有計畫的給予工作分配，設立座談會、聯誼會，給予義工優渥的待遇，並表揚其辛勞。

二、社團的發展，應注重「布教師的培養」及「梵唄儀軌的學習」，人人至少會一百首「偈語」的唱誦及講說，以備將來弘法布教的運用。

三、有關慈善方面的問題：本山的弘法宗旨，是以文化弘揚佛法，以教育培養人才，以慈善福利社會，以共修淨化人心。慈善事業只是其中的一部分，大眾須知佛教的根本精神，是宣揚教義、淨化人心，宗教對國家社會是徹底的「心靈救濟」，有無限的影響。文化事業愈深遠愈好，教育事業愈大愈佳，慈善事業則要用心規劃未來的希望。佛光山的徒眾，人人應有此一共識。

四、舉凡大規模的佛學講座，可以三天六個人，或三天三個人的方式，共同布教。另外於講演前可增加表演節目，以增加弘法的效果。

五、專門人才的培養，如住持、當家、行政、弘法、寫作、語言方面的人才，要多重視及培養。

最後，大師開示與會主管，身為一寺住持須具備的條件：

一、有親和力。二、公平公正。

三、有包容性。四、有為有守。

五、謙虛忍耐。六、有供養心。

七、上下交流。八、不居功勞。

九、內修外能。十、身教重於言教。

9 生從何來？死去何處？

一九八九年七月二十三日，大師應人間哲學研究會的邀請，至美國加州洛杉磯蒙特利市林肯飯店，為五百餘位對佛學有興趣的人士講演。

大師以「生從何來？死去何處？」為題，從「因、緣、果」三點開示大眾：「佛經有云：『欲知前世因，今生受者是；欲知未來果，今生作者是。』現今自己所做的種種事因，你都可以推斷未來會是怎麼樣的結果。」

大師也列舉了各學術專家研究「生命從哪裡來？」的說法，說明人類學家認為，如果以父母、祖父母一直往上推衍，結論說人類乃由猿猴進化而來；物理學家研究的結果說，萬物皆由原子、分子或核子所組成；哲學家說，是由生機加上能量的結果；道教的看法，是陰陽兩極變化而生；基督教更直接，認為上帝創造人類，包括一切萬物。

而佛教的理論不一樣，人是因緣和合而生，生生不息、無始無終，如圓之循環。對生命的推理，其他學派呈直線追溯，而佛學是圓形的，所謂「五蘊流轉，六道輪迴」。一般人以為，人死了就是生命的結束。其實，死是身體軀殼損壞，生命神識仍然存在，如同房屋老舊須要更換拆除，衣服破損就須縫補，甚至捨棄。再度轉世為人，又是生命的延續，也是因果的流轉與輪迴，這就是所說的「生死」；生未必可喜，死未必可悲。佛教教導眾生，要超越生死，視生死好比冰與水，或水與蒸氣的關係。

在大眾初步了解了生死與因果的關係後，大師勉勵大眾：「要觀自在，視一切人、事、境為自然自在，就能解脫生老病死的憂悲苦惱。讓我們的心靈，從得失中解脫、從是非中解脫、從好壞中解脫，甚至從生死中解脫，終究進入『涅槃』不生不滅的境界。」

10 廣結善緣

一九九〇年七月十二日，大師至高雄普賢寺巡視，並為職事、日文佛學院同學開示。

大師以「結緣」為題，提出四點勉勵：

一、在時間中結緣：比如說，我現在點頭向你微笑，這是結「現在緣」。幾天之後，你看到我，也向我微笑招呼，這又進一步是結「他日緣」。說不定就從這一個微笑開始，我跟你有了更深刻地認識和了解，結下了生生世世的「未來緣」。我們在時間中結緣，不僅要結現在緣，也要結他日緣、未來緣，能夠緣緣不絕，善事自成。

二、在空間處結緣：我們要結「此方緣」，還要結「遠方緣」、「十方緣」。其實，現在所結的「此方緣」，也有可能成為他日「遠方緣」的因，而更進一步成就了未來「十方緣」的果。在佛教裡，時間、空間是相續不斷、生生不息的。我們不要看輕任何一個小空間、任何片刻時間內所做的善事，因為這一粒種子，很可能就是將來茁壯的一棵大樹。

三、在人間裡結緣：除了結「人緣」外，還要與眾生結下「生緣」。結「人緣」、「生緣」還不夠，更進一步要結「佛緣」，與佛結萬世法緣，做為我們生生世世皈依、學習的對象。

四、在因緣上結緣：這種緣有三種，就是「親因緣」、「改善緣」、「無緣緣」。「親因緣」是在已有的因緣上再結因緣；「改善緣」是將彼此的關係做調整、改善的努力，使這個緣更美好、更長久。一般的婆媳、妯娌之間，都是有緣才成為一家人，如果能改善原來不好的嫌隙，這個緣就會和善，家庭也更幸福。

另外，我們還要結「無緣緣」，也就是要與我們有關係，互相認識的人結「無上善緣」，即使是跟我們毫無關係，乃至陌路的人，我們也要主動友善地和他們結歡喜緣。例如在路上看到一個人滑倒了，你立刻扶他一把，跟他點頭微笑，他也向你道謝、微笑。由於你的廣結善緣，兩個原本無緣的人，就會成為有緣的人。

11 新年十問

一九九二年一月三十日晚上，全山大眾於本山檀信樓集合，由住持心平和尚說明春節常住各項可以參與的活動，並恭請大師為大眾開示。

大師說：「新春非年月的替換，而是生命的替換，如何生死交換，大家對過年總要有一番的警策與振作，光是年歲的增加是不夠的，今提供新年十問給大家做參考，在這一年裡，道業增加多少？學業增加多少？做人周全多少？處事和平多少？慈悲心增加多少？發心的力量有多少？我的氣質變化多少？我的情緒穩定多少？我能講多少部經？我的威儀言行能讓人感動嗎？我們總要有一番的檢討。一年又一年的過去，我究竟增加了多少？」

大師並提出，新年要有新的增加：「一、增加說好話。二、增加笑容。三、增加歡喜（恭喜）。四、增加發財（開發佛法的法財、發覺內心的財富），要有希望與展望。」

大師又說：「佛教在民間社會度眾生，如同觀世音菩薩周遊國土，逍遙自在地度眾生；像釋迦牟尼佛悲心降臨世間，以悲心做為力量；像我們過年就應該為眾生忙起來，人生修道就在這忙的歲月裡面增長。所謂『天增歲月人增壽』，自己的道心、道業也要增加，不透過忙碌，如何增加呢？

我們也應該發這樣的心，一年三百六十五天中，仰仗三寶的威德，十方信徒發心供養，那我們在修道上又有何功何德？我在這裡是做一個享受者嗎？不是的，到了某一時候，也一樣的要為大家去奉獻、服務。所謂人人為我，我為人人。有的人犧牲享受，有的人享受犧牲。尤其是佛光山的工作信條，時時刻刻舉心動念，都要給人信心、給人歡喜、給人希望、給人方便；能給人正面的力量，就是自己內心富貴的來源。希望大家能全力支援常住的各項春節活動。」

最後都監院書記報告，春節期間各單位所需支援總人數共三百四十一位，但能支援的職事、同學只有二百多位。

大師聽後，指導大家：「兵在精，不在多，要會領導信徒來參與。」

12 佛法需要普及

一九九二年三月五日晚上七時，都監院集合全山大眾於檀信樓大講堂，檢討、報告春節一個月來的服務與心得，並恭請大師指導。

大師說：「今年的平安燈樸素莊嚴，很適合山上的道風。一個月的春節活動，全山大眾全心全力投入服務大眾當中，沒有聽到有人喊辛苦，大家在每一個角落裡忙得法喜快樂，這就是『修行』。春節時，我們為大眾忙碌，這是『他受用』；春節後，大家也慢慢地要收攝身心，安住於道業、學業上，這叫『自受用』。學佛就是要能自、他受用，兩者兼具。」

接著大師提出幾點意見：

一、做任何事要不斷地檢討、改進，可做為未來的動力。

二、做人要有慚愧心、感恩心，才能為團體所接受；發心是無限的，要能不計報酬。

三、佛光人的性格，能忙、能閒，能縮、能放，忙完了各歸本位。

四、從參與活動學習做事，學習與人互動時，常行自我觀照、自我磨鍊，尤其要有承擔的勇氣。

最後大師提倡：「今後的佛法需要普及化，就像受到人們的歡迎一樣，佛法才能帶入每個家庭、每個人的心中。」

13 佛法不離世間覺

一九九二年十一月六日，大師在如來殿大會堂向全山大眾開示。

大師說：「修行是非常重要的！但修行絕非以遁世避俗作為逃脫現實的藉口，也不能以此自我標榜，徒博虛名；更不可巧立名目，譁眾取寵。修行並非空洞虛無的口號，而應該是腳踏實地的自我健全，犧牲奉獻。」

大師告訴大眾：「自愧未能深入經藏，智慧如海，但總想將自己所了解的佛法行於日常，與生活相結合，例如：不積聚錢財，能喜捨結緣；能隨遇而安，席地而睡；能斗室讀書，車內寫作；能與人為善，滿人希望；能刻苦耐勞，不計毀譽；能樂說不倦，給人歡喜；能感恩惜福，不念舊惡；能守時守信，不壞承諾；能堅持理想，不畏難苟安；不高談修行，只一心一意，如理而行。

因此，我拜佛學佛，但不希望成佛作祖；我布施行善，但不想上升天堂；我念佛行持，但不欲往生蓮邦。我志不在了生脫死，我志在多培養一些佛道資糧，我只願生生世世在人間，做一個具有平常心的和尚而已。」

大師指出他所提倡的人間佛教，乃遵照太虛大師「人成即佛成」的理想，實踐六祖惠能大師「佛法不離世間覺」的主張。

大師接著說：「我們不須離世求道——在世俗人間，講經弘法是修行、服務大眾是修行、福國利民是修行、五戒十善是修行、正見正信是修行、結緣布施是修行、慈悲喜捨是修行、四弘誓願是修行。乃至行住坐臥、揚眉瞬目、舉心動念、示教利喜，哪一樣不是修行？為什麼要捨棄人間佛教，學習不食人間煙火的道家仙術，才叫做修行呢？」

最後大師殷切地說：「修行、修行，我們要靠真正的修行、真正的德行、真正的慈行、真正的福行、真正的智行，讓法界一切眾生都能接受真正的修行，讓大家心中有佛法，生活有佛法，人人有佛法，普世都有佛法！」

14 佛光人要能「行經」

一九九四年二月一日晚上七時，住持心平和尚恭請大師為全山大眾開示。

會中，大師以四點法要針砭大眾：

一、規矩：戒律是統一生活的標準。目前本山的規矩有日漸散漫的情況，不禁為佛光人的未來感到擔憂。希望全體佛光人，人人為自己訂出規矩，安於本分，提升自己的人格。

二、是非：一個團體要和樂清淨，口和無諍很重要。希望大家要有：不說是非、不聽是非、不傳是非、不怕是非的性格。要有「來說是非者，便是是非人」的觀念，進而：檢舉是非、求證是非、公開是非，讓是非無所遁形、無法存在。

三、立場（宗門思想）：外道不可怕，邪道才嚴重。對自己的宗風思想要認識了解，建立正知正見。煩惱來時、徘徊無助時，要能想辦法克服、突破，不可動搖自己的道念。

四、生活：大家的生活應該要有規劃，在學業、道業、事業上都要增進，到圖書館讀書，或是參加社團學習技能，在法務上用心學習。我很掛念大家不會生活、不會思想、不知輕重、不懂權衡、不明好壞、不分是非、不辨善惡，將來何去何從？希望大家要規劃生活，無論是順境、逆境，生活中都不忘修行。

過去的佛教為什麼會衰微？主要是沒有佛法。大家要謹記前車之鑑。佛光山之興衰，也在於佛光弟子是否有佛法？期許佛光人，今後不只會念經、講經，更要會「行經」——實踐經典的精神內涵。

15 善惡都會有結果

一九九四年四月十七日，大師為佛學院女眾學部學生授課，一位剛入學的新生胡翠華請問大師。

問：「人生所有的一切，包括煩惱、快樂、悲傷、財富、貧窮等，這一切都會過去的，明明知道人生到頭來都是一場空，我們為何還要奮鬥、還要努力的做人和修行呢？」

大師開示：「誰說一切結果都是空的呢？空就是有。茶杯不空，如何納水？房子不空，怎麼住人？腸胃不空，如何裝食物、消化、生存下去呢？空就是有。剛才你所講的那一切，都不會是空的，都會有結果的。慈悲有慈悲的結果，結緣有結緣的結果，做善、做惡都會有結果，凡走過必留下痕跡，不會是空的。」

大師進一步說明：「空是建設性的，它是建設『有』的。在宇宙虛空之中，所行所視，哪一樣會沒有結果？又哪一樣不是有目標的呢？因此，佛教講『空』

——空即是色，『色』——就是物質，簡單而言，就是『有』。世間人講的四大皆空——以為一切都是空空如也的觀念，那不是佛法，是錯誤的認知。」

最後，大師說：**「做人要能懂得因緣果報，凡所有行事，『因』地要正，並善加珍視『緣』的相助，就能得到好的『果』報，這才是做人的意義所在。」**

16
「捨得」帶來喜悅

一九九四年九月三日，一位台北的陳姓功德主請教大師。

問：「世間人都希望能有良田萬頃、家財萬貫的財富，以及兒孫滿堂、子孫繞膝的福氣。但是，我的家庭也算幸福、事業順利，什麼都不缺，可是內心總感到很空虛，所以，我總在想，人的一生到底應該擁有什麼，才是最好的呢？」

大師說：「人，很少會運用佛法般若智慧，大部分都是處於執著愚癡之中。所謂『良田萬頃，日食幾何？華屋千間，夜眠不過八尺』，生活中再多、再有、再好，也通常富不過三代。一般人錢財再多，日用所需再多，並不是福氣的表現，而是貪欲的增長，業障的積累。」

大師進一步舉例說：「現今社會上，所謂的豪門、富貴人家，傳承至第二代就可能出現紛爭，又或許第二代沒有紛爭，至第三代就有了紛爭；何曾見過世間上有百年、千年好和的家庭呢？因此，人在世間不必貪多。子孫太多，子孫的禍福你不能左右；錢財太多，所謂『人為財死，鳥為食亡』、『匹夫無罪，懷璧其罪』，過多的錢財，也可能導致爭奪的禍事也不一定。」

最後，大師總結地說：「佛教講究中道，生活上能夠衣食無缺，有多餘的錢財，能與社會大眾共有；你『有』時，可以給人；你『無』時，別人也樂於幫助你。因此，**人生應該擁有什麼？減少欲望，適當的財富能幸福平安；廣結善緣、廣施仁義，歡喜捨得會帶來喜悅的人生。**」

17 不動心的管理藝術

一九九五年三月二十七日，來自台中的企業家吳先生，請教大師。

問：「佛光山有這麼多別分院、上千位出家法師，還有那麼多的員工、義工、信徒等都那麼和諧，您是如何將人間佛教的理念運用在人事管理上呢？」

大師告訴他：「說到『管理』，管錢財，錢財不講話，容易管；管物質，東西不會反對你，容易管；管人也容易，只要隨他的心意、與他結緣，就能化敵為友；管心就難了，面對政治、家庭、學校、人我是非，要不動心並不容易。」

大師提出自己的管理：「我到了七十歲以後，對很多問題的看法又不一樣了，我不管而管、隨順而管、自然管理，我用『不動心』來管。」

最後大師說：「有時候『管人難，管自己更難』。所以，一個人平常要把自己管好，身教重於言教，你自己管好了以後，不言而教，別人就受影響了。」

18 度量決定一切

一九九五年六月三十日，有個寺院道場的住持來拜見大師，請教叢林興盛之道。

住持問：「家師在世的時候，信徒眾多，萬人景仰，可說是叢林興旺；可是家師滅度以後，我繼任了住持，為什麼信徒日益減少，我和家師都是一樣的行事做法啊！像信徒來了，我給予他們吃喝安住，給予種種的接待；我們師徒的道風相同，為什麼換成我住持後，法務、社教、信徒不增反減？大師！可以告訴我領導信徒的方法嗎？」

大師說：「這不是寺廟大小的問題，也不是尊師的本領比你高明，更無關老少的問題，這是肚量的關係。尊師對信徒能夠包容，願意給各有專長的信徒機會去發揮；此外，他不會向信徒索求，只想給予信徒佛法。『給』的行事風格，就能夠讓常住興隆。」

大師接著說：「肚量決定一切。你對信徒的真心，也決定了一切。你要讓信徒參與，給予信徒學習的空間，給予信徒尊嚴。你不能只看到你師父行事的皮毛，要學習尊師的肚量，這才是度眾的真髓。信徒不只是信徒，還是寺廟常住的施主，是我們的老闆，能這樣想就可以改善了。」

大師指出寺廟發展的關鍵點，這位住持聽了大師的指點迷津，對於弘法度眾的熱誠重新又燃起了信心，乃至誠頂禮而回。

19 有緣走遍天下

一九九五年九月十四日，有位張居士最近事業不順，請求拜見大師。

居士問：「為什麼我明明有理，可是人家都說我沒有理，這世間實在不公平！」

大師說：「這不是公不公平的問題，你先承認自己沒有理，那就公平了。人家說你沒有理，這很公平，你現在講的道理，都只是自認為有理，實際上並沒有得到別人的認同，就不能算是有理。譬如說，十點鐘開會，有人十點半、十一點才到，然後他就講了很多理由，什麼下雨、客人來、電話、塞車……其實那許多理由都不重要，重要的是按時出席開會才有理、不準時就沒有理。但是當事人不認為自己沒有理，老是用其他的歪理來代替有理。」

大師又說：「現在的人可說被『有理』害了自己，也障礙了自己的前途、人緣、事業，全都因為自己『太有理』。假如能謙虛客觀，認為自己有缺陷、有不足；一個人有了慚愧心，就能有所改進，增加自己的實力。你有真正的慚愧、道歉、對不起，知道自己的不足、不能，這樣的道理會對你的事業、人緣很有幫助。」

最後，大師提出「有理走遍天下」，但不一定都給人認同、接受，所以應該改做「有緣走遍天下」。

居士說：「一字之不同，有如醍醐之灌頂，謝謝大師指點迷津！今後當改變處事的原則方法，希望自己能提升更高的心境。」

20 住持主管十大不能

一九九五年九月十三日，大師出席台北道場早會報。

大師聆聽各單位工作報告後，針對各單位工作提出二點指示：

一、要報告：做部下的人要學習向主管報告自己的工作情況，即使再沉默寡言的人，一星期至少要報告一次。報告的方法有很多，如口頭報告、文字報告、與各單位一起會報。不報告，大家就不知道；不知道，在團體中就沒有你的存在。

二、學習「拒絕要有替代」：凡事不要輕易拒絕，拒絕要有替代，不能讓人為難；能幹的人，待人處事一定會皆大歡喜。

此外，大師也提到當住持主管的十大不能：

一、不能不做早課。

二、不能不吃早飯。

三、不能不負責任，不能不肯發心。

四、不能不懂法務，不能不會誦經、說法。

五、不能不親切、不能不結人緣、不能沒有人和。

六、不能講話粗俗、說謊，不能沒有一顆真誠的心。

七、不能私心太重、情緒太大。

八、不能好惡太強、俗情太濃。

九、不能脾氣過大，不能不明是非。

十、不能沒表情、不肯讚美，不能沒有笑容。

大師說：「擔任住持、主管，不在於能力強否，而是重於人格的完成與否。身為佛弟子的我們，應該重視自己的人格問題，要勇於面對，也要勇於改過。」

21 公私要分明

一九九六年四月二十一日，大師應邀在馬來西亞莎亞南體育場，舉行一場「人間佛教人情味」佛學講座，有八萬人參加，其中兩萬人發願至誠皈依三寶。活動結束時，一位《星洲日報》曾姓記者請教大師。

問：「出家人對親情，還有懷念往來嗎？」

大師說：「出家人也是人，世間上這許許多多人情事理，出家人也是生活在其中，怎可能因為出家而背離人情事理呢？但是事理要分清楚，所謂事歸事、理歸理，張三是張三、李四歸李四，昨天是昨天、今日是今日，不可相提並論，更不可等同視之。

比如家人之中，我最愛的人是外婆，但我能不愛母親嗎？母親就是母親，當然還是要愛敬的。但雖說是愛母親，可是母親有些行為我並不喜歡，例如我的母親喜歡打牌，但我自小就不歡喜賭博，因為不認同打牌，自然覺得母親不如外婆慈悲道德。我對外婆比對母親更加的崇拜，但母親是懷胎教養我成長的人，有養育照護之恩，不能不回報。」

大師接著說：「我的母親年老後曾到過佛光山，我的徒眾尊敬他、孝敬他、禮遇他，這也是很自然的。但是我認為，將自己的母親交由徒眾們來孝養，這是不妥當的。所以，我認為應該要自己花錢、用自己的能力來奉養，這也是為人子的責任。尤其，我不容許親人侵損常住公物。我想到古代太上皇是不可以干政的，如同長輩退休了，不可以再管理掌權，應當與不應當要能劃分清楚。這是非常重要的！」

大師再說：「我的兄弟知道我是創建佛光山的開山宗長，就說『我去幫你看門，我去替你掃地』。我一律拒絕說『不需要，因為與你是兄弟關係，我能盡點心意幫助你的生活、維護你的家庭；但佛光山是大眾的，你去掃地看門不適合』。為什麼呢？因為人家會顧念他們與我的關係，我不能用俗家的關係，影響到佛法的團隊。所以那許多兄弟、親戚，怎麼樣跟我提這個事，我都絕不可能答應同意。

所謂橋歸橋、路歸路，不可因為是兄弟關係，就不顧一切來維護他們，這點一定要分得很清楚。在職場上，你若用公家的東西，長養你私人的需要，這是錯誤的。因此像現在官場中，如果攀親帶眷，必定失敗；官官相護也必定會出問題。你為公，我尊重你；你為大眾，我幫助你——這是為官之道。不可為了自己私人之需，要別人來濟助你。有德者，有所為有所不為，不可有私相授受之舉，必須避讖嫌，公私分明是做人之道。」

22 般若即是本來面目

一九九六年六月十三日、十四日，大師應高雄普賢寺信眾的禮請開大座講授《般若心經》。這場講經的因緣，緣起於一九九五年十月十九日普賢寺舉辦三皈五戒甘露灌頂時，廣大信眾向大師請法。大師為令信眾精進，現場表示若有一千人發心背誦《心經》，願意再來為大家講經。

兩天當中，大師精闢的闡述「般若的面面觀」。大師說：「般若就是吾人的『本來面目』，眼耳鼻舌身意是不究竟的，眼睛看到的不能確定是真的，聽到的也不一定是正確的，我們要聽無聲之聲，要看無相之相，要用般若去體會那超越聲音形象的實相。世間的『有』都在變化，造成許多煩惱，而使得身心起伏不定。」

大師進一步教授大眾，如何運用「般若」獲得自在的妙法。

「有了般若，可觀『自在』——就是觀照『自己在不在』。『何謂自在』？大家平時讓人我是非搞得不自在，現在有了佛法，觀人自在、觀境自在，觀事、觀語、觀理皆能自在，就可照見五蘊皆空。體會到五蘊皆空，那個真實的我，光明般若的真我即能呈現。」

「般若要靠自己心地用功夫，時時勤拂拭，不靠神力和佛力。人生當求無量壽，即不生不滅的生命；找到般若，就是找到自己。」大師勉勵大眾，要透過行菩薩道，探尋不死不滅的本來面目。

23 建立常住觀念

一九九六年十一月十日，大師於本山如來殿客堂，與叢林學院女眾學部對外語有興趣的同學座談。

大師在聽取每一位同學的生涯規劃及報告後，分別予以指導：

一、說話要能提綱挈領，言之有物，不做無病呻吟。

二、建立常住觀念，肯定本山為根本，才能扎實地將佛法弘揚到五大洲。

三、要有「企業管理」的頭腦。一切的人、事、物，有組織、有制度，才能收事半功倍之效。

四、去除舊觀念，建立新思想。摒棄「萬般皆下品，唯有讀書高」的舊有思惟，唯有願意直下承擔，才能向前邁進。

24 慈悲是最重要的戒

一九九七年一月五日下午，大師前往新竹法寶寺，為一千二百多名信眾主持三皈五戒典禮。

大師在典禮中開示：「皈依三寶是人一生獲利最多的時刻，皈依三寶其實就是一條戒——受持信仰佛教，不再信仰其他宗教的戒法。皈依後只要信仰不變，其生活方式可以和未皈依前一樣，不受影響。」

大師說明「戒」的真正精神是給人自由的，不受戒就不自由，奉行戒法可以讓我們清淨。一個人什麼東西都可以欠缺，但不可欠缺慈悲、熱情、因果觀念。受持三皈五戒後，生活要不忘修持，進而從了解佛法中來增加信心道念。

25 常隨佛學

一九九八年七月五日上午十時三十分，嘉義南華管理學院佛教文化研究所、比較宗教研究所八十六學年度結業典禮於「藐姑射」（後更名為雲水居）會議廳舉行，恭請大師為結業生開示。

大師以眼、耳、口舌、心、雙手、雙腳的引喻，做為大眾今後為人處事的導航。大師說：

一、眼睛要常看世間萬象、芸芸眾生，不要只看某一個人，要看世界上每一個眾生。可以「無我相」，但不可「無人相」，眼睛裡有眾生，才會真心真意關懷照顧眾生之所需。

二、耳朵要常聽清淨梵音、經典，不聽雜言是非，尤其是早晚課誦的音聲是最美妙的。更進一步也要學會聽無聲之聲，才能聽見內心自我反省的音聲。

三、口舌要常讚歎聖賢事、說好話、讚歎別人，因為你肯把讚歎語布施給人，把佛法給人，前途自然光明。

四、心中常想佛陀的聖德和南華母校。心中有佛就能改造社會，心中有佛的人不會造惡業，自然會常行佛道，常做佛事，常記佛的聖德。你們都是南華的菩提種，代表南華，光大南華是你們的責任。今後要讓社會大眾肯定，唯有常隨佛學。

五、雙手握緊時代的脈動和人心。時代要我們做什麼？我們要如何淨化這個時代？如何握緊時代的脈動？就是要靠自己的慧根和慧心。

六、雙腳要常走大地山河，踏遍法界。你們肩負著佛陀的使命，要做社會、世界的中流砥柱，今後的世界必定是佛法的世界，人間佛教的發展是世界今後之所需。

26 一個修道者的完成

一九九八年七月六日上午八時，叢林學院各級學部，於嘉義南華學舍召開「聯合講習會」，恭請大師教授「一個修道者的完成」課程。

對於出家的障礙，大師先開放同學提問，如：「出家就無法孝養父母，因此考慮是否出家？須負起賺錢養家的責任，是否就無法出家？身體上的疾病可能帶給常住的困擾，還能出家嗎？……。」

對此，大師說：「出家並不是要捨棄父母，一樣能在本山的制度規定中返鄉探親，況且本山亦辦有養老院、崧鶴樓老人公寓，徒眾可按本山制度來辦理父母安養的問題。至於本身患有特殊疾病無法完成出家的願望，亦可成為一名衛教護法的居士，也是功德殊勝。」

「一個修道者要有什麼樣的認知？」大師說：「對常住的形象、立場、工作、信徒、人事、是非、修行、人我相處之道等，應建立正確的認知。修道者要懷有宗教情操，對金錢、感情淡然處之。修道者的生活，要淡泊、勤勞、度眾、謙虛、慈悲，有道念，肯發心，好讀書，能弘法，懂得修行。本山是四眾共有的道場，更應貫徹一師一道的觀念，不要隨波逐流於輿論之中，要有常住的立場。要有思想，懷抱理想，常思惟怎樣將佛教現代化、國際化、組織化。」

大師又說：「既然選擇出家，就要有佛光山是我的家的觀念，生活在僧團才會快樂，才能擁有、享有，在佛光山才能安身立命。感到安定，才不會有煩惱、無明的困擾。宗門者：即我對自己的家有什麼看法？有什麼需要？我能為這個家奉獻出什麼力量？能這樣思惟，就會快樂；肯得放下我執，投入眾中，成為眾中的一分子，就會有歸屬感。」

27 信仰的條件

一九九八年八月二十八日，大師應叢林學院之邀，繼續為新生教授「在佛學院的學習方向」。

大師就思想、生活、知識、修道四個方面為學生開示：

第一、思想方面：要學習六和僧團中的「見和同解」，從四方面來建立正確的思想：

一、對信仰要正知正見，信仰的條件有五：（一）實實在在的；（二）道德清淨的；（三）有能力度人的；（四）有慈悲智慧的；（五）能解救幫助人的。

對佛法的了解，要全面性；信仰不要建立在感情上，要建立在正知正見上。

二、對行為要慈悲喜捨：行為要和過去不同，要合乎佛弟子的標準，以四大菩薩的悲、智、願、行，做為學習的目標。

三、對護教要有金剛力量：信仰的漸進，是從信佛、到學佛、到行佛。學佛要懂得護法——護持佛法真理。護法的方式，有金錢上的護持、寫文章的護持、力量的護持、人脈的護持。現代的佛教徒，有些人迷失在：護僧不護法、護寺不護教、護神不護佛、護邪不護正。弘法的人不以正法弘法，護法的人不以正法為護法，是一大危機。

護法的人要有大力大勇敢，要有「聞一謗佛音聲，如三百矛刺心」，學習「當仁不讓」的精神，在重要的時候，為佛教發出正能量的音聲，成為護法的長城。因此，現代青年要學習菩薩的勇猛力量來護法。

四、對身心要淨化煩惱：世界如此廣闊，要開闊心胸，打開心門。煩惱的總司令是貪、瞋、癡、嫉妒，「我執」是元帥，要用佛法的力量來化導，重新估定人生的價值。生活規律、思想自由，一切行儀要合乎自然，正而不邪、慧而不愚。

第二、生活方面：到佛光山不是為了讀書，而是為了慧命。要把生活調理好，可以從四個方面來學習：

一、對日用要淡泊清素：物質的享用愈少愈好，煩惱都是因為積聚而來。佛法的快樂是擁有「空無」，「空無」之中，有許多的法喜和法樂。

二、對威儀要端正有序：威儀不是靠老師、學院規矩來約束，是要靠自己的「自我要求」。過去出家人出門要穿「海青」，在學院要著「長衫」，由此來培養威儀、變化氣質、淨化身心，從五堂功課中來學習。

三、對群我要忍耐尊重：在六度當中——布施是收成的、持戒是自由的、忍耐是占便宜的、精進是快樂的、禪定是內求的，忍耐的生活就是般若。從「生忍」、「法忍」的學習，最後到達「無生法忍」。學習和諧、合作，世界是共有的，不是一個人的，能忍就有朋友，就有未來和因緣。不要因為苦，而改變、放棄，修道要「難忍能忍」。

四、對言語要溫和讚美：所謂「口裡無瞋出妙香」，對老師和同學要懂得讚美、鼓勵。

第三、知識方面：

一、對讀書要求深求廣：多方閱讀，廣泛學習，培養自己的知識內涵，訓練思考。

二、對語文要能說能寫：要訓練自己，在語文上成就說寫的能力，不要只是讀，要能實際地運用在生活上。

三、對技藝要實學實用：學佛修行以智慧為本，智慧以福德為基礎。沒有智慧，先修福報；從作務中培養福德因緣，智慧能漸開。

四、對應世要能大能小：一般人是名利關易過，恭敬關難過。大家要學習：能富能窮、能前能後、能進能退、能高能低、能榮能辱，讓自己擁有一個全面的人生。大丈夫不爭一時之氣，要爭千秋萬世的榮光。

第四、修道方面：

一、對發心要勇猛精進：佛法所在，在處處尊，在人人貴。要發心吃飯、發心睡覺、發心讀書、發心作務……。

二、對密行要自我定課：要有自己的定課，堅持不斷。

三、對禮誦要虔誠恭敬：佛法在恭敬中求。一分恭敬，就有一分的收穫，不可輕心慢心，要能有宗教體驗的生命。心如田、如地、如礦，要從宗教的體驗中去開發。

四、對內觀要深究真心：要看住真心不妄動，可以認識自己；探究真心，就是找到自我。講道千千萬萬，不如行道點點滴滴。「真心」是很重要的。

28 領導的七個條件

一九九九年一月十七日上午，
大師在台北道場和北部地區的佛光會幹部座談。

大師指導，一個優秀的領導幹部，必須具備下列條件：

一、認識人：能了解每一個會員的專長、特色，並能知人善用。

二、會安排：能在活動中帶動會員，讓每一個人都有參與感。

三、能指導：做事有技巧、方法，在過程中，能指導別人。

四、懂讚美：有功德時，全部回向給每一位會員。

五、辨是非：能分辨邪知、邪見，能認識正知、正見。

六、向心力：引導會員學習佛法，親近道場。

七、常開會：利用開會時間，取得共識。

29 安樂富有

一九九九年一月十七日晚上，大師於大雄寶殿主持上燈法會，當天計有一萬多名信眾參加。

大師為信眾開示「安樂富有」的意義。大師說：「一般所說的恭喜發財，就是安樂富有，因為有安樂才有歡喜，發財就是富有。如何才能安樂？多數人在家庭中生活得安心自在、整個社會才可安定有秩序；國家有安全，大家才安心。國家需要安全、社會需要安定、家庭需要安心，這『三安』人人都需要。做好事、說好話、存好心是『三安』的因，把身、口、意三業照顧好；有『三好』才能『三安』，社會才能安寧。

不過，擁有『安樂』對整個國家還不足，還需要『富有』。富有不專指錢財，還包含：內心健康、家庭和諧、事業順利以及內心慈悲信仰的富有。大家不應只追求一時的財富，而是需要永久的財富；不只是追求今生的財富，更需要擁有來生的財富。台灣的山河大地比其他地方更美好，希望台灣的民眾比其他地方的人更善良、慈悲，因為這一切都是屬於大家所共有的。」

30 每天要成就好事

一九九九年二月二日，大師對徒眾做新春講話。

大師說：「迎接春節來臨時，在環境要除舊布新，在思想上也要不時的反省自心。每天要自問：我能成就幾件好因緣或好事？甚至要自問：

一、對自己的要求，到底增加了多少？

二、對報紙上一些不幸的事情，能給予一分鐘的祝禱嗎？

三、睡前做檢視，細數一天有多少的善惡念頭？

四、對拂逆、委屈的人事，能忍耐嗎？

五、做人處事面對別人的批評時，都能省思自己嗎？

六、利益當前，你能為別人設想嗎？

七、對好人好事，你會隨時給對方讚美嗎？

每天為別人成就一點好事，一生就能成就無限美好的善因妙果。」

31 集體創作力量大

一九九九年二月九日，大師帶領叢林學院學生全省參訪。

大師介紹今日行程：極樂寺、雷音寺、仁愛之家、圓明寺、佛光學舍。

這些道場的歷史：「雷音寺建於清道光年間，已有二百多年歷史；在我為佛教所創下的許多個第一當中，如：佛教青年歌詠隊、弘法隊、第一間佛教講堂，乃至慈愛幼兒園等，都是從雷音寺開始。重建後的雷音寺即將落成，有五十九公尺高，共十七層，建坪有七千二百坪，堪稱是蘭陽地區的指標。

仁愛之家由『一舉手』即為老人家奉獻服務三十年的依融、紹覺在負責，基於愛護後輩學生的用心，依融、紹覺提供十萬元做為此次學生參訪的車資。

圓明寺是我早期寫《釋迦牟尼佛傳》和《玉琳國師》的地方，寺內設有六間關房，替我寫傳記的符芝瑛小姐，曾在關房撰寫《傳燈》。」

大師一一闡述歷史，並勉勵學生，藉由此次的參訪，希望能循著三十年來的足跡，體悟：

一、了解佛光山的歷史，傳承本山的宗門思想。

二、心中擁有整個佛光山，而非只擁有一個別分院而已，須具有「同體共生」的世界觀。

三、在集體創作中，人人有份，大家一起來，彼此都有關係。離群的鳥兒易迷失，所以不要離開團體；只有「個人」是不容易成就大眾建設的，尤其是身心淨化的工作。

32 平等的觀念

一九九九年三月十二日，德州大學教授 Lester Kurtz 先生為拍攝紀錄片——《和平戰士》，專程到美國西來寺訪問大師。

大師說：「世界和平是每一個人所嚮往的，其境界也是最美好的。要維護世界和平，以武力來做手段，其殺傷力太大，不是究竟的解決之道。比武力更高層次的是用慈悲、無我來攝受，能有『同體共生』的觀念，世界就會和平。

要達到真正的和平，必須先建設平等的觀念：你小我大或你富我窮……是永遠不可能平等的。必須要尊重對方，給予歡喜，利益與人共享。像中國字『仁』的寫法，就是二個人（除了我之外，還有別人），凡事多替人著想，較能進步和平。」

33

諦聽草木說法

一九九九年三月二十五日，普門中學及佛光山文教基金會共同主辦「全國高中職校長教師研習營」，一連兩天在佛光山活動。下午，大師和與會的校長、教師們座談。

大師說：「自然就是生命，生命就是自然，自然與生命集合起來，人生就有新希望。自然充滿了無限生命，如遠山含笑、鳥語花香、山明水秀等。人的一切都在自然的循環之中，像季節的春、夏、秋、冬；生命的老、病、死、生；心念的生、住、異、滅等。

人與大自然的關係，就像是『竹密不妨流水過，山高豈礙白雲飛』，誰也不妨礙誰。

我們日常所接觸的鬱鬱黃花、青青翠竹，這些自然的景觀，只要心中有禪意，無時無刻，這些花草樹木都在跟我們說法。」

34 以忍為力

一九九九年四月十日，本山舉辦假日修道會——「警察人員讀經班」，有四百八十位來自全國的警察人員參加，大師應邀與眾人開示。

大師說：「我的人生有兩個願望，第一個願望是當警察，為社會服務。但在江蘇揚州的家鄉，要從事警察不容易。第二個願望是當和尚，和尚是社會的老師，雖然第一個志願沒有實現，但後來當了和尚。

其實，警察與和尚有相同的任務，就是維護社會的安全以及內心的治安；佛教可以彌補法律之不足，修行『因果觀』就能做到防患於未然，特別勉勵警政人員：以和為貴、以忍為力、以慈為法、以眾為我。

所謂『以和為貴』：包括從世界和平，進而到內心的和諧。世間最寶貴的，不是功名富貴，而是和諧、歡喜。

談到『以忍為力』：忍是世間最大的力量，忍是勇敢，也是一種承擔。忍又分為三個層次，即：生忍、法忍、無生法忍。

能夠擁有『生忍』，就具足面對生活的勇氣；能夠擁有『法忍』，就具備斬除煩惱的力量；能夠擁有『無生法忍』，則在在處處，無一不是淨土。

至於『以慈為法』：就是用愛心來解決問題，以鼓勵代替責罰，做到給人方便、給人關懷。

最後『以眾為我』：因為眾生與我是一體的，沒有眾生就沒有我，所以要做到眾生與我平等。」

35 理念是財富

一九九九年四月二十七日晚上，大師繼續為「寺院行政講習會」的學員們上課。

大師說：「理念就是智慧，智慧就是金錢，用智慧來發財，那是無限的收入；用財富來發財，數量是有限的。」

36 萬能領導人

一九九九年四月二十八日，大師接受《聯合報》記者王紀青小姐的採訪。

談到對總統候選人的看法，大師說：「國家有這麼多優秀人才，發心要出來選總統，那是非常好的現象，其出發點都是為全民、為國家的整體利益在努力。候選人一定要懂得民意為依歸，才是真民主；愛某一些人，不愛某一些人，就不算周全，一定要帶來全方位的歡喜，才是究竟的執政之道。

政治講究談判，要面對面的談，直接來往、溝通彼此；中國人『見面三分情』，見面總是好事，更何況選舉是公平競爭，不是敵人，為什麼不往來、不彼此欣賞呢？

身為領導人，要能大能小、能進能退、能有能無、能高能低、能榮能辱……領導人凡事都能有這樣優秀的品格、智慧，才有條件當全民的領袖。」

37 要有降魔的戰鬥力

一九九九年五月二十五日上午，大師於香港搭機回台北途中，指導隨行徒眾。

大師說：「很多單位在一起工作時，行事一定要彼此配合。今天晚上一定要將明天的工作進度先擬好，第二天一大早才能和相關單位會報，以方便大家配合。一天的開始，能掌握一整天的工作動向及做事方針，可以帶來很高的效率。

一個弘法者，除了能幹之外，還要有向前力、精神力。學佛必須具有精進、發心、社會觀等戰鬥精神，否則如何降伏自心之魔？一個人只乖乖聽話行事是不夠的，在『物競天擇』的環境下，能度眾、能弘法、能勝任，更加重要。」

38 四個主義

一九九九年六月十九日，大師在東京佛光山寺住持慈莊法師，及慈惠、慈容法師等人陪同下，抵達東京佛光山寺，為東京佛光協會所舉辦的「幹部講習會」主持座談。

大師主持「幹部講習會」座談，提倡「四個主義」：

一、慈悲主義：為人的立足點即慈悲。有慈悲，做人就健全；有慈悲，人人能接受，處處受歡迎；有慈悲，能補拙。寧可什麼都失去，但不能沒有慈悲，因為慈悲是做人最基本的道理。

二、菩提主義：諸佛沒有不發心而能成就的，菩提心是成就道業的動力。上求佛道、下化眾生是菩提心。發不屈不撓之心、長遠不退之心、精進不退之心，即菩提心。

三、般若主義：以聞、思、修，而入三摩地。聞、思、修即是般若；能辨是非、好壞、善惡即是般若；處世明理是般若。為人不明理，處世也會錯誤、不順。與人相處，無法要求他人明理，要求自己明理比較重要。

四、平等主義：世間最可貴的東西是平等，有了平等，處處才能充滿歡喜。

平等才是佛法，不平等就不是佛法。

39

歡喜就是最好的宗教

二〇〇〇年十一月十八日下午，
大師在澳洲南天講堂準備主持「佛像開光暨落成法會」，
時與會貴賓澳洲移民部部長菲力浦羅達克（Philip Ruddock）有問於大師。

菲力浦羅達克部長問：「世界上的宗教領袖，哪一個最好？」
大師答說：「你歡喜的那個，就是最好的！」

40 看到內心的寶藏

二〇〇〇年十一月二十四日上午，大師在澳洲南天寺客堂為勝鬘書院同學開示。

大師說：「讀萬卷書，行萬里路，這是我對教育的理念，但是這也不是唯一的標準；不看不聞的教育，更是我的理想，我覺得在禪堂、佛學院裡，一樣可以教育出人才來。」

大師又說：「不看不聞，就是要看自己、要觀照自心；試想，一個人看世界看了幾十年，看盡了花草樹木、看遍了高山流水，但最後哪一樣是自己的？什麼都不是自己的！所以不如不看不聞而看自己的心。如果你能看到自己內心的寶藏，那一切都是你的。內心的寶藏是什麼？慈悲、柔和、忍耐、禪定、慚愧、感恩、惜福、結緣、願力等，擁有這許多心靈的財富，那才是真正屬於自己的。」

41 明理是第一等人

二〇〇一年三月六日晚上，美國洛杉磯西來寺美洲徒眾講習會上，大師與徒眾接心。

大師說：「我從來不會想去哪裡逛逛，我有法樂，不樂世俗之樂。人間行者，應當建立心中自有無量法界的富有，生活是清貧、簡單，精神世界是繽紛、多彩。

我從早上起來就工作，幾個小時都在同樣的位置，一動不如一靜，大家應當如此，身心專注於一處。

一個人要不斷的成長，成長是需要時間的，但許多人在一個地方十多年了，又真的有成長嗎？時間長短不重要，重要的是，要懂得反省、改過、向上。」

大師又說：「修行的層次有高低，現在提出五等人的修持層次、內容。我們期許成為第一等人。

第一等人能理路清楚：凡事明理，有錯則改過，有事則擔當。理路不明的人，不明善惡、對錯；理路清楚的人，看事會觀察全面，不會斷章取義。

第二等人能自我用功：會主動發奮圖強用功，心中有佛法，所謂佛法所在之處即是有佛。言行、處事要讓人感受你有佛法。

第三等人能應對談話：對來者、訪客都能熱心接待，對人慈悲、耐煩，常識、佛法都具備，與各類人等應對，都能讓對方有受用。

第四等人能法務行政：寺院行事、社教課程、監獄布教弘法、活動策劃、佛事經懺等，都能運作熟悉。

第五等人能典座總務：不擅長寺院行政事務，從總務、典座學習，把基礎打好，肯得恆心學習，日後當然也能升等，進步到第一等的層次。」

「海外的道場，要在三十年內本土化，甚至西來寺要給美國人做住持；如果當初中國佛教都是印度人做住持，中國佛教能發展開來嗎？所以要培養本地人，讓他們學習，第一個十年學習宗風、總務、典座、知賓；第二個十年學習法務行政、弘法利生；第三個十年學做當家，之後加以評鑑，就可以交付寺院給本土人士去經營。佛教要傳承、要交棒，法燈才能永久長明人間。」大師如是闡述「本土化」的理想，旨在建立人間淨土。

42 給是持戒的精神

二〇〇一年四月八日下午，大師在新加坡假 Expo 活動中心，為千名求受五戒的信徒證盟正授。

大師告訴大家：「學佛不一定完全是用金錢布施，其他諸如做好事、說好話、存好心，甚至給人微笑、一聲問候、一個點頭等，都是布施。」

關於受戒的真正意義，大師開示道：「戒的精神是在於不侵犯，從約束自我的貪欲、瞋恨、嫉妒、愚癡、無明到內心的淨化及道德的昇華。不侵犯，自己和別人都能獲得自由、平安；從不侵犯再進一步布施給人，能『給人』就是發揮持戒的精神。」

43 人間佛教是歡喜與融和

二〇〇一年四月十三日上午，大師在南非南華寺集合徒眾開示。

大師說：「佛教自二千年前從印度傳來中國，然而放眼今日，從來不曾見到印度和尚在中國建寺當住持，因此大家不要存著在南非長居久留的打算，大家應該要有推動佛教本土化的共識。」

大師又說：「每到一地，大家都應該帶著感恩的心，要常想，我如何能對當地有所奉獻？尤其今後大家都應該努力落實佛教本土化的計畫，希望十年後佛光山在海外各地的寺院道場，都能由當地的出家眾負起住持弘化的責任。

『無緣大慈，同體大悲』，我們應效法觀世音菩薩的心懷法界，學習做一個『共生的地球人』，讓人間處處有『歡喜融和』。」

大師致力於佛教本土化與佛教人間化、國際化，鼓勵華人要「落地生根」，要融入當地社會，不要在地域、種族，甚至不要因信仰、文化等差異而自設藩籬、分別。

44

慈悲所在，必能戰勝一切

二〇〇一年十月八日上午，大師在西來寺會客室接受《洛杉磯時報》專欄作家 Steve Young 專訪。Steve Young 請大師就「九一一」美國遭受恐怖分子攻擊紐約世貿大樓造成慘重傷亡；二十七天後，美國終於在台灣時間十月七日晚間，與英國軍隊等聯手對阿富汗神學士發動軍事報復行動發表看法，並對美國人民提出安心之道。

大師說明此時來到美國的目的，有三個原因：

一是：因為洛克菲勒基金會邀請我來做一場講演。

二是：此次九一一事件，紐約世貿大樓要我們前往灑淨，為亡者超薦，生者祝福。

三是：佛光山梵唄讚頌團在紐約林肯中心演出，要我前往致辭。

由於「九一一事件」，美國發動對阿富汗的軍事轟炸，施以武力報復，但是武力報復終非究竟解決之道。大師在訪談中，也提出他對戰爭的看法。

大師說：「戰爭有時候是和平、是慈悲、是愛心，戰爭不只是殺傷而已。我們不希望戰爭成為報復的手段，戰爭是慈悲的力量，透過慈悲的力量來降伏暴力。因為戰爭只能制裁於一時，慈悲愛心才能讓人心永久的歸順。」

大師鼓勵美國人說：「此時此刻，不必恐懼，一切要照常生活，社會的秩序要維持，大家照常工作，照常生活，但是防備、處理的措施也要照常運作，不能讓整個社會癱瘓，否則損失會更大。佛光山對於各個宗教都是平等、包容的。」

大師最後表示：「佛教主張，**必須以無我觀才能致力和平、以慈悲行才能實踐和平、以尊重心才能謀求和平、以平等心才能進取和平。慈悲所在，必能戰勝一切。**」

45 大小共存天下一家

二〇〇一年十月十一日晚上，大師在加拿大多倫多大學參加一項「宗教領袖對談」。

大師與天主教的大主教瑞恩神父（Father Dr. Bill Ryan）、基督教的牧師多人，以及經濟學教授第芳婷（Dr. Wanda Deifelt）等人，就著「宗教如何面對全球化」的問題進行對談。

在大家公推下，大師首先發言表示全球化發展是時代的潮流，也是必然的趨勢，但是個中的利弊得失，有人不表樂觀。大師對此提出四點看法：

一、對宗教的全球化要互相尊重。

二、對經濟的全球化要大小共存。

三、對社會的全球化要各表特色。

四、對未來的全球化要同體共生。

大師表示：「在世界各宗教當中，包括天主教、基督教、回教、佛教等，雖然彼此信仰的對象有別，但是不管是天主、上帝、阿拉、佛陀，乃至地方性的各種神祇等，其實都是信者自己心中所規劃出來的『自我』，名稱雖有不同，意義卻是一樣，所以宗教要想走向全球化，最重要的是彼此要相互尊重。」

關於經濟方面，大師說：「其實全世界的經濟早已走向全球化了，例如紐約的道瓊股市、華爾街股市，股票的漲跌，影響及於全世界，乃至加拿大的股市，也為全世界所注目。然而各地的經濟縱然互有衰榮，就像潮水一般，具有週期性，但這並不足為慮。反而大家所應該關心的是，由於經濟全球化，影響所及，一些小型企業漸為大集團所壟斷，一旦這些大的財團經營不善，造成骨牌效應，受害的何止千千萬萬人。所以大師呼籲世界各國，對於大集團要有約束制衡，對於小企業則要加以輔助，讓大小共存，才能讓財富像活水一樣流通，繼而創造均富的社會。」

針對社會的全球化，大師舉喻說：「形形色色的花朵中，只要自己喜歡的，就是最美，所以大家要學會尊重別人的歡喜，尊重別人的所愛，要容許不同的存在，讓大家各表特色，社會才會多采多姿。」

「未來」是全球人類所關心的課題，未來會有怎麼樣的發展呢？大師表示：「人類對於未來要有『同體共生』的覺悟與體認，因為每個人都是活在因緣中，『因緣』不是單一直線的發展，而是互有影響，前因後果，左右關聯，彼此呼應；重重無盡的關聯，就有重重無盡的因緣果報。因此，從佛教的『緣起性空』來看，天下本是一家，『緣聚則生，緣散則滅』，眾生本為一體，有待『因緣和合』，才能『一體不二』。」

大師精闢的演說，贏得與會聽眾的讚許，他們認為大師的演說充滿「新意」，即連瑞恩神父及第芳婷教授也一致贊同大師所提出的「尊重包容」與「同體共生」，並且深覺佛教的教義實在偉大，內容頗具「世界共生」的意義。這一場宗教對談，正如主持人 Gregeson 牧師所說，不是為了發掘彼此的不同，而是以共有的智慧與理念，對謀求世界和平帶來更多的鼓勵與啟發。

46 用善念改變人類的未來

二〇〇一年十月十四日下午，大師於多倫多佛光山主持「佛學講座暨甘露灌頂三皈五戒典禮」，為佛光童軍團三十多位幼童軍授證，共有一二〇〇人參加，其中五百多人參加皈依及求受五戒。

大師說：「台灣九二一大地震及美國九一一被恐怖分子襲擊，前者是天災，後者是人禍，同樣是無常的表現。佛教說無常是正常的，這個世界一直在變化中，我們不可能要求它不變，只有靠我們保持信心不變，用慈悲的力量來對治。

學佛的人看死亡如同移民，如香港、台灣的人移民到多倫多來，將來又再移民到天堂極樂世界去。死亡也好像換房子，換一個新生命的開始；死亡就如同搬新家，有了這個觀念就不會畏懼死亡，就不怕世事無常。」

大師又說：「無常讓我們珍惜生命，珍惜當下的緣分，努力創造人生的價值。因為國土危脆，人命無常，在天災人禍不斷的時候，我們更要用正念、善心來改變人類的未來的命運。」

47 慈悲是幸福之門

二〇〇一年十月十八日晚上，大師應紐約曼哈頓洛克菲勒基金會亞洲協會及鹿野苑基金會聯合邀請，在「亞洲之魂」講座中發表演說。

對二十一世紀全球化的趨勢，大師提出他的看法。

大師說：「在國際化的世界，宗教之間彼此要互相尊重、包容，不應仇視，各宗教都是一體的，都是向真、向善、向美，不應有太大排他性。

大小企業要有共榮共存的觀念，如果財團的財富能照顧弱小企業，小企業能擁護大財團，世界經濟是可以回春的。

現今已是『地球村』的時代來臨，大家應有『同體共生』的體認，每一個國家的安危都會影響全世界；宣揚慈悲觀不是佛教的教義而已，是讓世界達成和平、共享共存的最好方法。

有了慈悲心，人與人、國與國就不會侵略、占有，實踐慈悲，人類必定能擁有幸福、安樂。」

48 攜手超越輪迴

二〇〇一年十二月二十八日上午，
大師出席「國際佛光會第五屆青年會議記者發表會」。

大師說明大會主題「攜手同圓」的意義：

一、「攜手」有三個層次：舉手，表示禮貌、尊敬。握手，表示交流、和諧、友好。牽手，表示齊手並進，手攜手是同一目標、同一步調的前進。前進就不會後退，前進就會成功，前進就會有一番新的境界。

二、「同圓」有三種含義：在四面八方，有事時圍繞而成圓圈，如球賽喊暫停，教練球員圍在一起討論。宇宙成住壞空、心念生住異滅、人有生老病死；生命是環狀的輪迴，在輪迴中我們要學習扭轉、超越，且在圓形的生命中，不走極端，不左不右，要合乎中道。真心本性是圓形的，如太陽是圓的、月亮是圓的；自性要如太陽散發光熱，如月亮清涼皎潔，以慈悲關照世間。

大師總結：「攜手同圓的活動目的，是要讓青年朝向有意義的目標前進，從中發掘自心本性，讓有限的生命得到無限的擴大。」

有記者提問：「世界可能達成和平否？」

大師說：「不必管世界能不能和平，只要自己心裡和平，世界就和平了。所謂『三界唯心，萬法唯識』，自己心裡創造什麼樣的世界，世界就是什麼樣子。」

記者又問：「當前世界充滿紛亂，如何改變世界的磁場？」

大師說：「這是個一半一半的世界，好的一半，壞的一半，不可能完全統一；只有用好的一半去慢慢影響壞的一半。尤其重要的是，從每一個人本身做起，世界才有可能變好。」

49 一百元帶給社會美好

二〇〇二年一月十三日上午，佛光大學百萬人興學委員會頒授勸募委員聘書活動，於佛光大學宜蘭礁溪校本部舉行，由大師主持授證典禮。近三十個別分院勸募委員，八百餘位貴賓參與盛會，三二四位受聘委員一一上台受獎，並和大師合照。來自香港佛香講堂的團隊最受矚目，這也是海外別分院首次參與授聘活動。

大師說：「世界上創辦第一所大學的就是佛教，印度最具規模的那爛陀大學，曾高達三萬個學生以上；唐朝玄奘大師曾在一千三百年前，前往留學，並親近戒賢論師。佛教在中國流傳七百年後，由馬祖創叢林，中國有了第一間佛教寺院大學。後來因為政治的因素，佛教才漸漸走入山林。」

「佛教的學府，從印度那爛陀大學輝煌時期直到中國的叢林道場，希望佛光大學再超越古德先賢，培育佛教的優秀人才。」大師深切期盼佛光大學成為近代研究佛學的中心。

有人問大師：「為什麼要到美國辦西來大學？」

大師答道：「過去西方宗教到大陸辦學校，如清華、東吳、輔仁大學等；為了回饋他們，所以我們也到西方國家辦大學。當年辦大學比辦報紙、電視台困難，辦大學、買土地，必須在銀行有五億存款的保證金，個人不易辦學，還好有一百萬個善心人士幫忙辦大學。」

大師又說：「百萬人興學對家庭有很好的教育作用。子女會想，我的父母是辦大學的人，我能不受高等教育、不好好讀書嗎？百萬人興學是集合全球的慈悲愛心，很令人感動的。我雖看盡人生生老病死的真相，心早已無所波動，但是看到許多人為大學做資源回收、賣麵、賣餅、撿拾垃圾……這些人的心靈是高尚的，不是為了自己讀書，而是為了辦大學給不認識的人去就讀。」

大師點出百元興學背後的價值，就是增添社會的善美，說道：「一百元建大學，建好一座大學也不算了不起；然而真正了不起的是，我們的社會增加了許多關懷和善美。」

50 精神的富有者

二〇〇二年四月九日晚上，
大師在怡保培南獨中的體育館，舉行一場弘法大會。

以「另類的財富」為題開示，大師說：「人要在世間上生存，就離不開金錢，但大家也不能把財富局限在金錢、鈔票、股票、黃金、鑽石、土地、高樓等有形、有價的物質上面，這些都是一時的、狹義的財富；其實人生還有許多值得追求的『另類財富』，諸如：慈悲、智慧、道德、人格、學問、技能、聲望、平安、歡喜、自在等。」

大師又說：「世間的錢財為『五家共有』，水、火、盜賊、政治因素、不肖兒女，再多的財富也可能一夕之間化為烏有，我們要懂得為自己儲蓄搶不走的法財。世間『享有』比『擁有、占有』快樂，我們要做一個精神上的富有者。」

大師為大眾發掘心靈源源不絕的財富。

51 人間佛教是做出來的

二〇〇二年四月二十一日晚上，大師在雲居樓六樓，與大陸學者樓宇烈、賴永海、程恭讓、麻天祥、李向平等教授「素齋談禪」。

大師談到人間佛教的理念時表示：「佛光山的人間佛教，是做出來的，不是講出來的。」

大師開示說：「人間佛教，有二點特色：第一就是理念革新，第二就是很人性化。比如，我的革新思想，一個人可以信仰兩種宗教，信仰是自由，也會從初級升到高級；再者，我們要為信徒添油香，佛教的『財法二施，等無差別』，信徒的施捨，出家人也要給予信徒佛法的歡喜、希望、慈悲。世間的人怕苦怕難，我認為苦難是助緣、是成功的機會；一般人討厭生病，我與病為友；人都怕死，但我認為生命是永恆的，無須悲傷。死了會再生，死亡是新生命的開始。」

「人間佛教可以為我們處理、安排現實生活種種的煩惱、痛苦，更為我們的人生帶來希望和無窮的未來。化苦為樂，轉染為淨，一切從自己改良、改革做起，並能從生活中獲得『現世法樂』，這是人間佛教的體現。」大師如是闡述人間佛教的甚深法義。

52 成佛的十二字真言

二〇〇二年八月二十五日上午，大師出席於檀信樓大禮堂舉行的「佛光山叢林學院各級學部聯合畢業典禮」，與會者有前內政部部長張博雅、教育基金功德主陳劍城、陳信智、馬廖雪月、曾進朏、賴義明伉儷、陳順章居士及學生親友等六百多人。

大師以十二字真言「苦苦苦、做做做、忍忍忍、等等等」，為畢業生勉勵。

大師說：「一、要能吃苦，接受磨鍊。二、勇於承擔、負責、化解問題。三、發願做一流事、做一流修行人。四、學會等待因緣。

畢業不是結束，而是擔負弘法利生的開始，在苦苦苦的作務中廣結人緣；在做做做中培養福慧；在忍忍忍中擴大心量；在等等等中靜候因緣。不怕苦、不怕做、不怕忍、不怕等，這十二字真言等於是成佛之道的法門。」

53 佛館是精神的建設

二〇〇三年一月七日晚上，大師於總本山如來殿會議室指導「佛陀紀念館安基典禮第二次籌備會議」，解說安基典禮的意義。

大師說：「山河大地不要我們『動它』，自然山林更不願意我們『破它』，在這個舉世動盪的時代，全世界的人都渴望『安定』，我們為佛陀紀念館舉行安基典禮，藉由佛陀紀念館的安基儀式，也讓世界的人心得到佛陀的加持。土地要保護，要穩定基礎，才不會有土石流的災害，人心也要從守戒不侵犯他人，讓我們的社會安定、和諧。」

大師又說：「佛陀紀念館的建設是精神的建設，佛光山沒有錢，有的是『心』，有多少心就能做多少事。佛陀紀念館不只是佛光山的，更是全民大眾的，是法界眾生所共有的。」

54 有用的人懂得想辦法

二〇〇三年一月二十一日，
大師於南華學舍對就讀研究所的男眾弟子開示。

大師說「學習之道」：「要有思想，平常就要訓練自己的思考，明白常住的立場、原則。不要別人一、二句話就把我們打倒了，也不要輕易跟隨別人的說詞。

學習上要有重點，我們要思考的是『佛的心得是什麼？』、『佛教的想法是什麼？』而不是其他各種的看法。

此外，要把英語讀好，一般程度是能夠流利對話，再好一點是翻譯，上等是著書講學；我們的程度沒有到上等，但至少也要到一般的程度。去年（二〇〇二）年底舉行過的國際佛光青年團會員大會，已將英語訂為共同使用語言，未來佛光山走上國際化，英語是必備的條件。

一個人會成功，就是遇事懂得想辦法解決，直下承擔；失敗的人，因為藉口多，所以，無論做任何事，都要想辦法，不要找理由藉口。

對物質生活也要懂得惜福、節儉，像幾十年前我在重建雷音寺時，為節省開銷，把工程用的水泥袋翻過來擦乾淨，拿來包裝書籍寄出給讀者；不能用的，就用來回收賣錢。當初是這樣走過來的。」

55

行佛是成佛之路

二〇〇三年四月四日晚上，大師在東禪樓為叢林學院男女眾學部在家眾學生開示。

大師說：「要有宗教情操、要欣樂修道、要發菩提心。修行是要轉境，而不為境所轉。生活裡，為了一句話、一個眼神、一個人、一件事而動搖信心，失去慧命，這是不值得的。

學佛的重點在建設內心的世界。你的內心世界是什麼？法樂、禪悅，還是人我是非的比較、計較呢？學習與大眾融合在一起，『我是佛光山，佛光山是我』，如同禪宗祖師大德，山河大地都是他的身心毛孔，他體悟到，心佛眾生乃至法界的一切有情無情都在他的心中。

學習與病為友、與貧窮共存、與忙碌同在。忙出自己的心地光明世界，忙出自己的無量佛國淨土。

『行佛』原是佛陀的教義，『行佛』更是人間佛教的主旨，是圓滿菩薩道的必經之路。」

56 行腳托缽的真義

二〇〇三年四月十三日下午，大師在金光明寺會議室，為參加北區行腳托缽的同學開示行腳托缽的意義。

大師說：「要把行腳托缽當成是一門功課，是一種修行；從一路托缽中，我們可以增加人緣、榮耀、生命力。因此，托缽雖是一時的活動，對自己卻是永遠的影響力。

托缽化緣是為了建大學，培育人才，教育社會，但另一方面卻也可以提升信仰，為佛教增光。」

大師又說：「一般人不懂真正的化緣不是『要你給我』；而是出於自己一份『希望給我機會種福田』的發心，讓大眾有機會獲得佛法功德，有機會與佛陀感應道交。

托缽時，難免也會遇到一些外道、不信佛教的人對此活動嗤之以鼻，說些難聽的話，給我們難看的臉色，但不必在意。當初佛陀托缽也曾托過空缽，但佛陀不會因此灰心而不再托缽，因為他憫念一切眾生，永遠不放棄度眾的使命，所以學佛者要能有不捨棄任何一個眾生的慈悲心，在渾濁汙穢的環境中，仍可保有一顆清淨心，這就是修行。」

「托缽過程，對於民眾歡喜發心，能受到的感動是一生的，不是一時的；感動要在心裡，而不是在口頭上，要把一點小小的感動，化為無限的未來。能夠常保感動的心，對於一切，永遠都覺得難能可貴，永遠都覺得不可思議，甚至對於一沙一礫，都會覺得很了不起。因為覺得一切得來不易，所以容易感動。」大師如是勉勵同學，把感動做為修行的養分。

57 佛光山未來的方向

二〇〇三年五月二十七日，大師於本山如來殿為全山大眾開示。

大師針對前日所提「佛光山未來的方向與思想準則」四點意見加以說明：

一、繼承觀念，發展思想：例如為信徒添油香、錢用了才是自己的、給人利用才有價值、對人好；常說OK，不說NO；以眾為我、要爭氣不要生氣；你大我小、你對我錯、你樂我苦、你有我無。

二、繼承制度，改進規約：不能繼承私見，要繼承制度。要人尊重，必先自重。

三、繼承宗風，認知歷史：生活是嚴肅的、思想是自由的、教性是強化的、方便是有限的。顧全大體，常住第一。制度領導，非佛不作。

四、繼承傳統，重視人間：淡泊克己，少煩少惱。常住有理，自己無理。五堂功課不能正常，應自知苦惱。

58

空中生妙有的真理

二〇〇三年六月二十七日上午，大師應昆士蘭省格里菲斯大學之請，與校長 Ms. Leneen Forde AC，及生態館館長 Professor John Fien、多元文化宗教館館長 Professor Swee Hin Toh 等五人，於黃金海岸佛光緣，針對「宗教交流」與「慈悲教育的學習」等議題，進行座談。

大師說：「佛教不全然是宗教，佛教既是教育，也是哲學。佛教的慈悲、無我、同體共生等教義，可以開闊人生境界，提升人類的思想。

佛教『空』的真理，對人生有很大貢獻，讓我們領悟『空中生妙有』，超越有、無二元化的境界。『空』的人生觀，更可以昇華人生的價值，就像『一』，後面可以增加無數的『〇』，懂得『空』的哲理，人生必然有更高的視野。」

59 住持要有供養心

二〇〇三年八月二十二日晚上，大師在傳燈樓四樓集會堂出席海內外住持主管會議，對於分組討論「主管與住眾」議題給予意見。

大師說：「看人挑擔不吃力，當家三年狗也嫌。要當家，處處要關照，事事要親力而為，只有常住的利益，不把佛法當人情，這種鐵面無私的行事，難免給人不喜歡。但當家者，即是心有擔當力，為佛法、為教團，不惜個人毀譽。

佛光山不可出現倚老賣老的情形，尊敬不是要來的，是自己的道德、慈悲、發心讓人攝受，別人從心裡自然而然生起恭敬心。教團要燈燈相傳，要不輕後學、要提攜後學。」

大師又說：「叢林住持第一條，要有供養心。不聽是非、不傳是非、不說是非、不怕是非、不理是非，要計較佛教的大是大非。學佛修行，一心證道都來不及，哪有時間自尋煩惱？主管與住眾是相依相待的關係，就像一棵樹木，根葉緊緊相連，彼此的枯榮也是息息相關。」

60 無我推動世界和平

二〇〇三年十月六日晚上，大師在巴西聖保羅 SE 大教堂，與天主教樞機主教 Dom Claudio，針對宗教對本世紀應該提供什麼樣的貢獻，進行「宗教對話」。此次活動由 SE 大教堂與如來寺共同主辦，聖保羅各宗教聯合會與市政府協辦，現場由覺誠法師翻譯，有千名聽眾聆聽。

大師於「宗教對話」就宗教對本世紀應該提供什麼樣的貢獻發表四點看法：

一、要尊重包容：站在任何宗教的立場，都應致力於促進地球上國與國之間的相互尊重、種族與種族之間的和諧相處，許多不同的語言能溝通、文化能交流、男女能平等，尤其對於世界和平的促進，不同種族人等，應相敬互助，宗教之間要尊重包容。

二、要勤勞奮發：巴西人要自立自強，追求勤勞奮發的人生，不要被失業打倒；年輕人不一定要依賴國家給我職業，自己要去創造機會，甚至家庭也可以成為工廠。

三、要消弭暴力：社會暴力主要是因為個人的「執著」引起。一般人都是

「見解與我不同者，即與爭之；思想與我相左者，即不容他。」其實思想、見解不同，應該視為正常，就如人的五官各有不同，唯有讓他們各司其職，各安其位，才像個完整的人。

四、要世界和平：「世界和平」的問題，樞機主教提出的「愛是和平的動力」以外，佛教的「無我」主義也是止息暴力的方法。即不要讓個人主義高漲，不要執著己見，彼此能夠互相理解不同的看法，尊重與包容不同的風俗、信仰。提倡「無我」主義，才能真正促進世界和平。

61 無我成就一切

二〇〇四年一月三日上午，大師在法堂為慧傳、慧寬、慧顯、慧瀚等二十位徒眾開示「佛光山宗長的條件」。

大師說：「佛光山最需要的人才，就是要有人來承擔領導和策劃，尤其是學會怎樣做佛光山的宗長。什麼樣的條件、資格，可以成為佛光山的宗長？

一、要有度量：心量要大，才能容眾。叢林裡面，什麼人才都要有，才能成為叢林，因此，心要像海，能納百川。

二、要有常識：無論什麼地方有人來，都要能和他對談。與商人說商人法，與企業家談領導經營，與軍人談保家衛國，與教師談作育英才……。

三、要有宗風：能代表佛光山，不能走樣。

四、只有佛光團體：心中只有佛光山，沒有個人的存款，更不可以私自化緣。

佛光山有今天的成就，不是一朝一夕的，是累積多少的緣分和福德。福德和成就來自於培養自己無私無我的心量，像我自己，因為可以『無』，才建設了今日的佛光山。」

62 六度波羅蜜

二〇〇四年五月十三日晚上，大師應邀在內華達州達拉斯講堂舉辦佛學講座，為與會近千位信眾開示得度的法門。

以「六度波羅蜜」為題，大師說：「從人海浮沉中找到得度的方法，就是皈依三寶，心中因此有信仰做為靠山。世間的一切，金錢、兒女、家庭、愛情、權勢、地位等等，都是一時的，唯有信仰才能長久的陪伴我們一生。

從學佛到行佛，能夠『行佛所行』，必然可以得度。得度的因緣，有時是從外面而來，有時則要靠自己創造；有的人因一句話而得度，有的人因一件事、一個人、一本書、一塊錢而得度。」

「佛弟子可以從佛經所說的『六度』，即透過布施、持戒、忍辱、精進、禪定、般若等六個法門的實踐中，自度度他。」大師如是說。

63 禪門的自覺教育

二〇〇四年六月八日下午，大師應張亞中教授禮請，至台灣大學社會科學院國際會議廳，為全院師生講演。

大師以「自然、幽默、感動、悟道」四種自覺為題，輔以禪宗公案為例，為師生解說「禪門的自覺教育」。

大師說：「佛陀是一位覺者，禪，並不是佛陀發明的，禪是每一個人所共有的。禪，是一種宇宙自然、微妙的本心、本性，就好像櫻花，冬天時還是光禿禿的樹枝，春天一到，就自然開出燦爛的繁花了。『禪心』就好比花開能夠散播芬芳，好比月亮從雲朵的空隙裡透出了光芒。

雖然每一個人都有禪、有禪心，但是也要有緣，有關係來啟發、帶動。佛陀在覺悟了宇宙人生真理之後，還要覺他，讓別人覺悟；而禪門，啟發後人開悟的方法，不一定是要你成佛，而是要你覺悟。」

大師最後勉勵青年：

第一，要自我改革。自己不改革自己，就不能變化、不能昇華。

第二，要自我解決。無論什麼問題，不一定都要靠別人才能解決。當然，不懂的地方，由老師解釋，不過也得你自己先思考過，不能一切事都求助於人，要能自己解決。

第三，要自我更新。梁啟超說：「今日之我，不惜向昨日之我挑戰。」意思就是要不斷的自我更新，今天的我，要比昨天進步，所以昨天的我已經過去了；明天的我，也不是今天的我，因為明天的我又會再進步。

第四，要自我觀照。凡事要自我觀照，佛門所謂「悟」，參禪並不只是要你閉眼睛；閉起眼睛來更忙，什麼忙？不是手腳忙，是心要忙著參。禪門雖然很靜，可是在靜的時候，你要能像一面鏡子映照萬物；好像水面的水，平靜了以後，天上的雲彩、月亮才會映現。「千江有水千江月，萬里無雲萬里天」。經過觀照，才能把很多問題想出來、悟出來。

64 領導人的條件

二〇〇四年九月二十日，
大師集合海內外住持主管於本山傳燈樓會議室。

大師講說「領導人」應具備之條件：

一、本山為國際化道場，領導者至少需具備二、三種語言，如英、日、粵語等基本對話能力。

二、人最怕被排斥，不受重視，因此要記得他人的名字。稱呼應適當得體，與社會人士往來，宜以其最高職銜稱呼。

三、多彎腰、合掌，表示謙虛；至友寺拜訪，不要覺得自己是住持，行客要拜坐客。

四、身為領導者要有一套接待禮儀，培養自己行儀、應對、接待，具備社交常識。

在做事的方法上，大師說：

一、對人要適才任用，特殊人才要有專人照顧，使其了解本山宗門思想，才不至於流失。

二、對新來的人，要熱切招呼；對新進師兄弟，要能包容提攜。

三、要做義工的義工。

四、隨時講究威儀。

五、宣布事情只說主題，不作敘述。

65

難遭難遇

二〇〇四年十月二十二日上午，大師於加拿大多倫多佛光山，飯後跑香，見佛光山梵唄讚頌團正在大雄寶殿練習，隨緣為眾人開示。

大師說：

「身為歷史中的一員，要有難遭難遇、千載一時的心態與觀念，要發心立願寫歷史，創造因緣，成就弘法大業。」

66 由自心建立淨土

二〇〇四年十二月一日晚上，大師應香港大學佛學研究中心邀請，於該校王賡武講堂主講「天堂與淨土」，計有六百位聽眾共霑法益。

大師說：「天堂與淨土的優劣相較，天人雖然欲樂殊勝，但是福盡，五衰相現，仍會退墮；佛教不鼓勵升天，而是要大家往生淨土，因為淨土沒有階級之別，人人平等，在淨土仍要努力修行，但是不會退墮。

佛教講『三界唯心』，淨土是由我們自心所建立，如果能夠保持愉快、美好的生活，當下即是淨土。樹木花草、山河大地雖沒有心識作用，但也會隨著我們的心一起成佛。佛心奇妙無比，重點在於了解『三界唯心，萬法唯識』。

『阿彌陀佛』的無量壽是超越時間、無量光是超越空間，誦持『阿彌陀佛』名號，代表真理是超越時空的。要如何把歡喜快樂布滿人間，祕訣是建立『以無為有』的人生態度。當人間沒有戰爭、沒有惡人攻訐、沒有經濟困難、沒有男女糾纏、沒有環保等問題，那就是實現人間淨土。」

67 世間無常國土危脆

二〇〇五年一月十三日上午，大師應民間全民電視公司《台灣真情》節目之邀，於本山電視中心錄製二十集節目，內容包括抗壓力、四大皆空、恐懼心理、幻覺、眼見耳聞、感動、感恩、隨喜、智慧與知識、資訊多少、海嘯、災難、忍耐、人禍、教育、外籍新娘、老人問題、未婚生子、環保、族群問題等。

大師開示：「南亞海嘯的啟示，如《八大人覺經》中所云『世間無常，國土危脆』，警醒世間人等，『無常』乃世間不變的真理。此次會發生四十年來空前大海嘯，其實是人類長期對大自然的破壞，因此天怒人怨下造成的大自然反撲。此刻我們唯有從自己做起，多積福積德，增加人心的善美德行，才能減少災害的發生。」

大師又說：「我們生活在台灣，雖能倖免於難，但今後更要懂得珍惜自己與家人、朋友、社會、國家的因緣，從家庭的每個成員開始做起，只要大家做好事、說好話、存好心，人人從自己的身口意三業淨化做起，才有可能淨化外在的國土世間。」

68 天下一家人

二〇〇五年三月四日，大師連續五天應邀於西來大學，主講「星雲大師當代社會問題探討講座」，有近二百人選修課程，同時校方以「遠距教學」方式開放外地學生同步聽課。

首日課程探討「戰爭與和平」。

大師開宗明義說：「以《大乘起信論》的『一心開二門』——『真如門』與『還滅門』，說明世界是一半一半，戰爭與和平也是一半一半；我們要努力將善的一半提升，將惡的一半消除，便會有和平。」

大師接著談到：「世間最大的戰爭，其實是與自己的戰爭。自古以來，人類戰爭的根源，就是人類的貪婪；唯有摒棄自私，以尊重與包容相互對待，才能化戰爭為和平。」

大師認為：「戰爭相當殘忍，最好以談判方式化解，可免除流血事件。」

至於如何才能保護國土，不必戰爭而達致和平呢？大師引用太虛大師提過的「無我」、「慈悲」，說明「無我」能尊重別人，立場調換能長養「慈悲」；

若將「無我」、「慈悲」擴大，即能世界和平。

最後，針對大眾提問：「人類是否有希望達到真正和平嗎？」大師說：「**若將所有人視為一家人，共同抵抗天災人禍，和平自能達成；吾人能以平等心、慈悲心、忍耐力、般若力等實踐於生活，必能達到真正的和平。**」

69 生命的禮讚

二〇〇五年四月四日上午，大師應考試院銓敘部朱武獻部長邀請，前往考試院做專題演講，與會者有三百餘位考選部及銓敘部人員。

大師以「生命的禮讚」為題，講說生命的真諦與生活的奧妙。

大師說：「不光是人有生命，宇宙萬物，包括動物、花草樹木，乃至於山川大地、日月星辰等，都有生命。一朵小花、一株小草，從牆縫中長出，為生命成長而努力不懈，都在對我們說法；生命是無所不在的，我們應該學習觀照生活周遭的一切，擴大生命的內涵。」

大師又說：「現代人對生命，首先要學習『忍耐』的功夫。忍，是承擔、是力量的表現，就算他人以種種惡害加之，都能忍耐不起瞋恚、報復的心，這就是慈悲。

生命除了慈悲，還須要培養『智慧』；能夠達到佛教所說的『般若』境界，了解到世間萬物都是互為因緣關係而存在，體悟到眾生與我都是『同體共生』

的道理，隨時設身處地為人著想，懂得人我關係互換，自能營造美好和諧的生命。」

70 成佛才算是成功

二〇〇五年六月九日晚上，大師於上海普門精舍，與當地信徒座談接心，並對提問簡要回覆。

提問：「要如何成功呢？」

大師說：「成功要具備幾個條件，一是要學會認錯；二是『忍』。忍，不單是打不還手，罵不還口，還要學會生忍、法忍、無生法忍。」

提問：「您覺得自己是一個成功者嗎？」

大師說：「我還不算成功，成佛才算是成功。」

提問：「如何了脫生死？」

大師說：「了脫生死，就是對死亡真正做到不畏懼。例如茶杯摔破了，將它黏起來，縫隙依舊存在。但杯子裡的水，無論是在杯中，還是灑在地上，水還是水。人的身體如同杯子，真正的生命像水，縱然沒有假合的身體，生命依舊存在。」

71 一流的管理是用真心

二〇〇五年十月五日晚上，大師在美國西來大學講述「佛教與當代社會問題的探討」，現場有近二百人聽講，同時有美、加、巴西、台灣等二十餘個據點、百餘人透過「遠距教學」聽講。

大師提出「佛教對應用管理的看法」：

一、管理的要領：管理是一門藝術，透過計畫、組織、目標的設定，讓事情更有次序的運作。管理之妙，存乎一心，無固定之方，因時、地、人而異。管理非權術、非心機，而是用真心、誠意。最好的管理，還是自己管理自己。

二、如何把人管理好：人難管，心更難管，管人先要管好自心。人往往慣於抱怨別人不聽從自己的管理，其實自己最不聽自己的話。例如無法履行自己說過的承諾、無法實踐自己許下的願心；自己不管好，想要管理別人，就更難了。所謂「有佛法就有辦法」，管人要用「佛法」（慈悲心、智慧、方便善巧），比較容易讓人心悅誠服。尤其，要讓屬下心甘情願的接受領導，先要解決屬下的問題，並以人性的管理，展現尊重、信賴、真心，才能讓人服從。

三、如何做好「心」的管理：心如工廠，好的工廠出產好的產品，壞的工廠排放汙煙、廢氣。心的管理即是六根的管理；「身」可以用四威儀來管理、「心」可以用五停心觀來管理。

「經典裡的管理法，就是最高妙的管理學，比如《普門品》中的『一心稱名』、『施無畏』、『滿足所願』，就是管理學。《阿彌陀經》所敘述的淨土，包括都市的堂皇莊嚴、自然界的美麗、沒有人我是非、沒有交通事故、沒有三惡道等，這些都是最好的管理。《普賢十大願》也是一門管理學。」大師為與會大眾闡述經典管理學的巧妙。

72 清貧是心靈環保

二〇〇五年十月七日晚上，大師在美國西來大學為「佛教與當代社會問題的探討」做專題講述。

大師講說「佛教對環保問題的看法」：「近代人類有很大的進步，就是環保意識提高；從環境保護而至生態保護，進而地球保護。此外，更要在語言、身體、觀念、思想中，做好心靈的環保。」

說到環保，現在舉世之間，到底發生什麼樣的環保問題？大師指出：「循環是一種自然的定律，如身體有生老病死，季節有春夏秋冬，世界有成住壞空等；現今的環保問題，即是循環出了毛病。」

大師進一步說明：「佛教的寺院一向很重視環保，如『洗臉二把半，衣單兩斤半』；出家人平時過慣清貧節儉的生活，覺得東西愈少愈好，才無負擔；語言愈少愈好，才不會惹麻煩；飲食適量不貪，才會健康。」

大師又說：「環保首先要尊重生命！佛教認為，宇宙之間，日月星辰、山河大地都有生命，若能愛護，即可長久。因此，真正的環保，就是減少惡的作為，增加善的言行，諸如：惜福、惜緣、惜物、惜時，乃至戒殺護生、節約能源等。一般人談到節約能源，都只是想到節約日光、石油等，其實真正的能源在我們心裡，我們要懂得開採內心的能源，舉凡慚愧、感恩、歡喜、感動、慈悲等，都是心內的能源。」

談過了佛教的環保觀之後，大師又說：「淨化社會要從淨化我們的內心做起，要以慈悲心對治瞋恨嫉妒、以般若智慧對治邪見偏執、以謙虛對治貢高傲慢。尤其，環保要從每個人做起，從平時的生活中去落實外在的環境保護與內在的心靈環保。」

73 福禍是共業所成

二〇〇五年十月二十日上午，大師應法鼓山文教基金會邀請，參與在台北圓山飯店舉行的「世界佛教領袖座談會」，與日本淨土宗宗務總長水谷幸正，以及越南智廣法師等人進行會談，並和來自漢、藏、南、北四大佛教系統，台、美、日、韓、緬、印、藏、泰等國的宗教領袖與會，共同探討高科技時代的全球問題，以及思考如何從「心」探索人類的未來。

大師針對座談主題開示：

「世界上許多問題，如戰爭的威脅、種族的衝突，以及生態的破壞等，都是人類的共業所造成；而一些看似不可抗拒的天災，追根究柢，也是源自於人類的貪瞋無明，不懂得善待地球、過度開發所導致。解決之道，唯有靠人類的『自我覺醒』。」

大師對人類的未來，提出四點看法：

一、要達成世界和平，應先建立「平等」觀念；「平等」也是佛教的根本精神。

二、要推動生態環保，應重視「生權的提升」，也就是從「尊重生命」做起。

三、要消除種族隔閡，應先發揚「慈悲」的精神。

四、要體現共生智慧，應先提倡「緣起」思想。如此才能根本解決問題，讓我們身處的地球成為一片和平安樂的「人間淨土」。

74 會用了才是自己的

二〇〇五年十一月三十日晚上，大師應香港大學之邀，與金融界、醫學界及演藝界人士，進行座談，由佛學研究中心鄺民彬主持，有港大師生及一般民眾六百餘人與會。

以「佛法情與思」為題，大師對財富、健康、事業、人際、信仰，乃至個人的修行，提出他的深度觀點。

大師說：「生死是很平常的，有生必定有死，死了又會再生，生死是自然輪迴，如太陽西下，明早又會升起。儘管人的軀體會朽壞老死，但真正的生命，也就是『真如佛性』是不死的。所以，面對生死應隨順自然，當生就生，當死就讓他死；重要的是，生時要好好活出生命的意義，死時則要能放下自在，含笑而歸。」

有關財富的問題，大師說：「錢用了才是自己的，有錢不用都是別人的；有錢是福報，會用錢才是智慧。」

75 最高管理，合掌低頭

二〇〇五年十二月二十三日晚，大師在台北國父紀念館舉行年度佛學講座。

大師以「佛教管理十問」為題為大眾講說。

大師說：「一般人的管理都是『管人』，我的管理是『管自己』；一般人的管理都是為了賺錢，我的管理是叫人要懂得施捨；一般人的管理都是把自己抬得高高在上，我的管理是對人合掌低頭；一般人的管理是講究階級，我的管理是主張大家平等；一般人的管理是指示命令，我的管理是用讚美鼓勵；一般人的管理都是用規矩教條來約束，我的管理是讓人自願歡喜去做，因為規矩是給不守法的人用的，真正守法的人只要有道德、因果觀念，自然能自我管理。

佛光山管理的藝術，例如：管理寺院的原則是大殿不上鎖；管理金錢的原則是永遠不留錢，沒錢就沒有鬥爭、貪念，更可激發精進勤勞心；管理徒眾的原則是無為而治、培養因果觀念。因此，不管而管，是為管理。」

76 用知識翻轉未來

二〇〇六年一月二十二日晚間，大師應邀出席人間衛視為慶祝創台八週年，在台北國父紀念館舉辦的「人間有愛，為公益而唱」活動，並以「春來福到」墨跡一幅義賣，所得一百一十萬元提供做為幫原住民興建圖書館之用。

大師接受東森與中天電視台記者採訪，針對「為原住民興建圖書館的動機」及「個人對教育的理念」提出看法。

大師說：「我一生提倡『寺院學校化』，因為寺院本來就具有傳教的功能；不只傳教，而且要傳授生活所需的知識，帶給人間幸福、快樂，這就是『人間佛教』的本懷。未來計畫以十年時間，為原住民興建十座圖書館，目的是給予知識、教育，讓原住民朋友提升自己，未來得到更多的機會發展。圖書館即是知識的力量，希望這一點點心意，能讓原住民朋友翻轉他們的未來。」

77 奉獻才有大我的生命

二〇〇六年二月二十六日晚間，
大師在西來寺海會堂，為北美各道場徒眾開示。

大師說：

「大家在各地弘化一方，身負重任，要有使命感，要發心奉獻，要有宏觀思想，要有開創性與前瞻性。宗教師的最高意義，在於奉獻、服務、傳教；傳教才有永恆的生命，**生命的永恆不在自己身上，而在奉獻、服務裡。**」

大師以四點勉勵大眾：

一、要有所作為。

二、要自學省思。

三、要磨鍊身心。

四、要出發向前。

大師最後說道：「在做中增加學力，在眾中增加功力。」

78 要有不變的修行

二〇〇六年三月二十三日上午，大師在上海普門精舍，為男眾弟子慧倫、慧是、慧峰、慧宜、慧有等人開示。

大師說：「給人一些因緣、讓人感動、歡喜，就是佛法，就是修行。修行在日常生活裡，一些小細節、小地方，看似不重要，然而一粒小種子播撒到泥土裡，必定會開花結果，所以不要輕忽任何結緣的機會。但是也不能『心存望報』，所謂『有心栽花花不發，無心插柳柳成蔭』，只要待人好，就會有好因緣。世間一切都是因緣所生法，『一』裡面包含宇宙萬有，所以『一即一切』；如果自己對佛法有所體會，儘管別人如何說，自己心中的信仰都不會改變，所以要有『不變』的修行。」

大師引述禪門「直下承擔」，勉勵大家：「學佛的人要承擔如來家業，若有一個眾生未度，切莫自己逃了。」

79 佛教與寬容共創世界和平

二〇〇六年四月二十日，大師應邀出席在本山傳燈樓集會堂舉行的「第二十三屆世界佛教徒友誼會代表大會」、「第十四屆世界佛教徒青年會代表大會」、「世界佛教大學第六次會議」聯合開幕典禮。有來自美國、紐西蘭、澳洲、德國、俄國、蒙古、日本、韓國、越南、泰國、馬來西亞、印尼、印度、孟加拉、尼泊爾、台灣等二十餘國代表、七百餘人與會。

依大會主題「佛教與寬容——共創世界和平」為主軸，大師以四點開示：

一、佛教需要進步：全世界不論是國家、人類，乃至各行各業，都希望要有進步。同樣的，佛教在這個時代，最重要的也是要求進步，思想落伍了，要求進步；辦法不適用了，要求進步。生存在世界上，懂得求進步的人才能向前發展；不求進步，落伍了，自然就會被淘汰。

人類用兩隻腳走路，想往前跨出一步，必定要捨棄另外一步。同樣的，佛教發展到現在，舊有的思想、制度，有些要捨棄，有些則要再予以修正改良，有些則應加緊推動，才能讓它繼續往前邁進。

二、佛教需要事業：佛教需要有事業，更要創造事業。過去佛教的事業，如建寺廟、印經，在現今社會是不夠的，還需要辦教育、發展文化、擴展慈善事業。佛教的四眾弟子若不為佛教創造事業，表示佛教貧窮。

三、佛教需要共識：南北傳佛教要融和、友好、團結，各項制度、儀軌、佛像、寺廟也要能統一。世界佛教需要動員及共識，讓佛教積極走入社會、家庭，才能成為民眾重要的精神糧食，與心靈慰藉。

四、佛教需要和諧：佛教的未來要重視「和諧」，最近中國大陸也提倡「和諧社會」，可見「和諧」非常重要。整個佛教就是以「和」為主題，好比出家人稱為「和尚」，就是「以和為尚」的意思。

今日的佛教沒有和諧。一個寺廟裡的人眾能和諧嗎？這個寺廟和那個寺廟和諧嗎？這個教派和那個教派和諧嗎？佛教有漢傳的、藏傳的、南傳的佛教，乃至有日本佛教、韓國佛教……各個國家的佛教，我認為，各地呈現出的佛教儘管有不同，但是佛陀只有一個，三法印只有一個。相同裡，容許不同；不同裡，接納一個同，要有一個中心。

80

用光明照破黑暗

二〇〇六年五月二十四日下午，台北輔仁大學濟時樓九樓會議廳，舉辦「當天主教碰上佛教」，由樞機主教單國璽與大師展開精采對談。與會者有佛光大學校長趙寧、輔大神學院院長艾立勤及輔大使命單位、宗教系所、全人教育中心、課外活動組等二百人與會。

大師說：「我佛慈悲，慈悲是愛；神愛世人，也是愛。沒有愛，社會就亂了。當年我因為家貧，才有機會親近佛法，出家受戒時的嚴格教育，對自己一生的人格影響甚大，讓我堅信只要立定志向，人生就能改變。」

單樞機主教也回應說：「天主愛人，藉著人把愛分給別人，去關懷別人，給人們希望、光明。我自己生長在戰亂時期，目睹教堂和教會學校成為民眾身心庇護所，因此發願要當一名神父，用信仰的力量改變人心。」

兩位大師闡述自己慈悲愛人的信念，要用心中的光明照破世界的黑暗。

81 人我融和，世界和平

二〇〇六年六月二十四日，大師應邀於日內瓦聯合國國際會議中心進行專題演講「融和與和平」。全場有英文直譯，及德語、廣東話同步翻譯，同時以遠距視訊同步於台灣、香港、新加坡、菲律賓、巴西、瑞典與關島等地定點播出。計有中、外人士約八百人參與。

大師專題演講「融和與和平」首先闡述在世間生活，每個人都需要財富、幸福、歡喜，但當人與人、人與世界、人與社會接觸時，最需要的就是融和、和平。

大師認為，家庭融和，家人才會幸福；世界和平，國家民族才能相安無事。並以佛教觀點，提出四點對「人我融和、世界和平」實踐的看法：

一、包容觀：世界有不同的國家、文化、種族，要互相包容與尊重，如一個盒子，能盛裝不同東西；如一只茶杯，倒入茶、水或咖啡在其中都能容納。因此，生存在這世界上，一個人包容的心量有多大，成就就有多大。包容是最美好的事，當別人的人格、道德不健全時，只有誠心誠意去感化、包容他，才能讓對方有改進的機會。給人一點空間、一點諒解、一點包容，對自他融和、世界和平都有助益。

二、無我觀：「無我」並不是真正「沒有我」，而是明白這個「我」不是真實的「我」，而是會損壞的，不會永遠不變。因此，人要有所成就，為了目標，種種辛苦都能甘願承受，相信「我」是有力量的。但是太過自私、狹隘，什麼事都要有「我」，則太過執著，形成痛苦的根源。人生要能將假的我認識清楚，找到真實的我，世界才能真正的融和與和平。

三、平等觀：自古至今，由於不平等，大、小國不斷發起戰爭；人因為想法不同而引起鬥爭、種族歧視、男女不平等的觀念，甚至造成人世間的糾紛。和平最主要的條件是要「平等」，我們都是地球人，要同等對待，才能創造和平。

四、慈悲觀：愛的昇華與淨化，能提升為慈悲，那就是美好的愛。若只是為名利而非出自真誠，這是有相慈悲；若能不計較、不喜歡有報酬，是無相慈悲。擁有慈悲，則財富、平安與成功都會跟隨而來。

82 我什麼都沒有卻擁有世界

二〇〇六年七月十九日下午，大師於台北道場宗務堂接受天下文化出版社新書《志工企業家》作者，也是《紐約時報》資深記者大衛．伯恩斯坦（David Bornstein）採訪。

大衛表示：「義工的力量逐漸改變每一個國家，甚至改變整個世界。」

大師說：「釋迦牟尼佛可說是最早的義工。他一生為眾生犧牲奉獻，若每個人自許為釋迦牟尼佛，社會才有改善的動力。義工主要先講究付出，有付出，才能改善人我。台灣政治紛紛擾擾，在武力上也不及世界大國，但台灣人民愛做義工，不談收入，都是真心付出，是世界之冠。」

高希均教授問大師：「現今世界和平慈愛的感覺是強烈或淡泊？」

大師說：「俗話說『世風日下，人心不古』，現在的人心對過去所重視的『仁義』觀念，相較之下較為薄弱。其實，眼睛所見的是形相上的事物，就佛法而言都是假相，而仁義雖如空氣般看不見，卻為人需要，因此萬古流傳。」

高教授說：「身為一個社會的公司、團體，雖然一樣出版書籍，一樣辦活動，但是不管怎樣，佛光山出版的書籍和舉辦的活動都比我們精采。如果我們的職員注重的不是收入，或許結果就會比較好一點。」

大師說：「我心裡沒有想到收入，只想付出，拿多拿少不計較。在世間上，錢很重要，但總有比錢更重要的東西，『心』的力量勝過一切。力量無法征服民心，慈悲與愛必能戰勝。如同美國總統布希用戰爭征服阿富汗、伊拉克，接下來應該要用愛來融和。世上唯有用慈悲、愛、教育、關懷才能解決問題。」

大衛問：「是否曾想過自己有這樣的成就？」

大師說：「一切隨緣，我什麼都沒有，但卻擁有世界。」

83 如何運用心的價值

二〇〇六年八月四日，一位來自德國的華僑劉小姐，初次來山禮佛，在如來殿遇到剛結束青年會議課程的大師。劉小姐表示有些疑惑，想向大師請教。

問：「佛教說心包太虛，但是我們一般的人並不知道心的價值，請教大師心的功用是什麼？我們一般的人，如何運用我們的心呢？」

大師告訴他：「我們現在的這個心是心臟，是肉體的、有感覺的、這個心臟，有時心臟開刀了、心臟血管堵塞了、心肌梗塞了，應該說這個有心的肉體，它有一個心的靈，心靈、靈界的，它有經常作用的，比方說：我這裡心痛，我要看、我要聽、我要吃，我這個心去領導眼、耳、鼻、舌活動，因此佛教講六識、六根，六根就是眼、耳、鼻、舌、身，像植物的根一樣，它可以生長，生得好壞，花果樹木。有了眼耳鼻舌身意的六根，就認識六塵：眼睛認識色塵、耳朵認識聲塵、舌頭認識味塵、身體感觸舒服冷暖，這許多的叫做五俱意識，也就是眼、耳、鼻、舌、身根，這五個都聽心的話，心境領導這五個功能，好不好都與心有關係，所以人死了以後，眼耳鼻舌身都沒有了，這個心要去受業報，因為它是主人、總指揮，冤有頭債有主，不過這個是膚淺的。」

大師繼續說：「再深一點，這個心再往上第七識，主導我執，但是它不能出場，它做為傳達室，傳遞給第八識。八識田中，這第八識的倉庫，就收留這許多東西，它也不在乎好或壞，它來了都收下來，然後透過前七識再去造作，依好的、壞的又去造作它的因緣果報。這個心，剛剛講日常生活中主導一切的是第六識，從很多的譬喻：心如馬牛、心如猿猴、心如烏龜、心如國王、心如盜賊、心如慈善家，大概這好壞善惡都由這個心的一念升起，所以看我們的這個心的作為，領導這個人的眼耳鼻舌身，做好事有好報、做壞事有壞報，所以這個心要這樣看。」

大師接著說：「講這個一心開二門，《大乘起信論》提到心生滅門，好好壞壞，心真如門，完全像聖道。所以古代的諸子百家，所謂心惡、心善之說，我們的本性，是惡的呢？還是善的？人之初、性本善，這也合乎佛法，人的本性，本來就是等於一個明鏡，是六塵汙染覆蓋，光明顯現不出來了；所以這個心，你要認識它的變化，你能可以透過修行，桌子壞了，修補一下；衣服壞了，修補一下；身體壞了，醫生看一下、修補一下；心也是要修補一下，怎麼修呢？貪瞋癡要用戒定慧對治，再深一點說，五停心觀的五個觀想，以慈悲觀對治瞋恨心、以數息觀對治妄想，以五觀對治五蓋，你看你從那個方向來談修行，佛法的法門很多，任君選擇。」

大師又說：「以前曾聽老一輩的人在掛念，認為這個地方建了大樓、那個地方也建大樓，地球的土地才多少，空間都被占滿了，後代的子孫怎麼辦呢？但你可以看，五千年以來，這個世間，沒有二百年的大樓，此處大樓建立了，那裡大樓倒塌了，只有這個虛空永遠不變。我們常說世間無常，無常也在虛空裡面，它們互相都有因果。」

最後，大師說：「心包太虛是講到真心、講到真理生命。虛空不可量、不可測；空，是沒有占有的。現在七十四億的人，即使再多個多少億，空與空之間並沒有妨礙，可以說是『無障礙空間』，很自由的，這就是『心』的價值。」

84

以佛心做佛法事業

二〇〇七年四月一日，大師於法堂為徒眾慈惠、慈容、心培、慧傳、永融、滿謙、覺培、妙廣法師等徒眾開示。

大師說「非佛不作」：「商業集團創辦事業講究利潤，圖個賺錢；我們佛教團體創辦事業，用意在度眾。所以無論做什麼事業，不要讓人覺得我們在賺錢、做生意，而是要讓人覺得我們以弘法、結緣、服務為主。例如五十年前，我創辦『佛教文化服務處』，為了『服務處』三個字，必須付出很多的辛苦。比如從美國寄來五十元，要我們替他將十五元各別轉寄三個寺院，十元助印某本經書，五元放生，另外二十元個別轉寄供養十位法師。我們只有咬緊牙根，為他把這些事情辦了。偶爾也有意外收穫，他會說其他的二十元就隨便你們運用了，這就是我們的所得，雖然辛苦，也相對結交了許多的朋友。」

「『非佛不作』的理念旨在服務、結緣，不是為了牟取私利。佛教的淨財是取之大眾，用之大眾，以佛心行慈悲利眾之事。佛光山成立滴水坊、物流中心、人間佛教服務中心等單位的用意與目標，其核心意義在於『服務、弘法、結緣』，大家應該遵循。」大師如是說。

85 佛教要重視傳承

二〇〇七年四月一日，大師在法堂會議室，指導各單位主管，與信徒、功德主、官員之間，相處之道在哪裡？

大師說：「台灣很多寺院出現老化現象，其問題都是出在『人』的上面；而佛光山的未來也是繫於人才。我們的菁英在哪裡？大家要去思考傳承的重要性。

對於四眾相處之道，佛光山以出家眾為主，在家眾為輔；佛光會以在家眾為主，出家眾為輔。四眾齊心合力，為人類的和平、幸福共同努力。」

86 人生不能代替

二〇〇七年七月十四日，國際佛光會世界總會於洛杉磯西來寺舉行「北美洲幹部講習會」，大師於法堂與幹部接心。

大師說：「東西方人到西來寺必定有不同正反兩極的反應，因此在了解東方信仰後，更要思惟提升東方文化之方法。

自己的行為決定未來的高度，任何人都『不能代替』。要擁有樂觀、積極、向陽的性格；懂得縮小自己，成就他人。期許自己做宇宙世間、時代、歷史的主人，發揮潛能。要深信即使所有人都辜負我，但因果不會辜負我，如此自能有大作為。」

大師回答大眾提問。

提問：「對美國種族、宗教等衝突如何應對？」

大師說：「今日世界的紛爭在於不能互尊互容，必須打破我執、法執，彼此尊重包容。宗教間除所信仰之教主無法共同，教義與教徒是可同中存異，異中求同。」

提問：「青年辦活動時如何取決傳統及現代？」

大師說：「優良傳統可保留，陋俗應擯棄。」

提問：「會長或法師理念不正，如何自處？」

大師說：「依法不依人，懂得凡事忍耐。」

提問：「年老了，有出家意願，有何管道？」

大師說：「年老後應以讀書、參與信仰活動、結交善友等安度晚年。不一定要住寺院或讀佛學院，做義工也是很好的方式。人生應該把握年輕時光廣結善緣，對佛教關心參與，一待年老，善因良緣不請自來。」

提問：「佛法浩瀚如何入手？」

大師說：「要精進，也要時間消化。」

提問：「對現代人上網抽籤拜拜的看法？」

大師說：「不要找電腦，找心就好。」

87 行得正派，活得自在

二〇〇七年九月十六日，大師應邀出席在本山如來殿大會堂舉行之「國際佛光會中華總會第六屆第四次理監事暨督導會長聯席會議」，與台灣的四百個佛光分會、近一千五百位佛光人接心開示。

因佛光會今年邁入第十六年，大師遂以十六字送給大家：

一、過得歡喜：人來到世間，不是為了受苦、煩惱而來，是為了歡喜。佛光人推動三好運動，不但要讓自己歡喜，更要把歡喜布滿人間。

二、行得正派：縱使自己吃虧、受委屈、貧窮、困難，也要固守「寧可正而不足，不可斜（邪）而有餘」的道德操守。唯有正派，方可心安理得。

三、活得自在：自省人生、生活、生命活得自在嗎？佛教講「自在解脫，解脫自在」，想要從煩惱，從貪瞋、愚癡、嫉妒、怨恨的束縛中解脫出來，就要活出自在。

四、身心平安：平安不是靠外界給予，而是自己創造。從內心的平安，進而到身體的平安、家庭的平安、行事的平安。

最後，大師期勉佛光人：「要有『與時俱進』的精神，要有『走出去』的勇氣，要有『立足台灣，放眼大陸，前瞻世界』的眼光。做一個地球人，不自限種族地域，因為佛的世界是無量無邊。我們也要擴大心胸，昇華自己，包容虛空、法界，讓自己更廣大、更優秀、更融和。佛光人對社會有責任，不但要自己行得正派，更要讓大家活得自在，平安而沒有恐懼。」

88 捨才能前進

二〇〇七年十月三日下午，大師在紐西蘭南島佛光山，接受紐西蘭南島基督城《信報》、《太陽報》、The Press（基督城最大英文報）、Skykiwi 電視台，針對「紐西蘭南島佛光山開光落成」做採訪。

提問：「何謂佛法？」

大師說：「舉凡幫助人向真、向善、向美，讓人得到幸福、自在、快樂，得到祥和歡喜，增進人類的道德，增加世間的和諧，就是佛法。」

提問：「人間佛教指的是什麼？」

大師說：「是人需要的、感受得到的，對人的生活有改善的，能幫助人成長、進步的，是至善至美的，就是『人間佛教』；具體說，就是『佛說的，人要的，淨化的，善美的』。」

提問：「一生中有沒有遇到困難？」

大師說：「困難在所難免，但只要有力量、有願力，困難也會成為助緣、助力。」

提問：「自身的力量從何而來？」

大師說：「由信仰而來，有信仰就是力量。」

提問：「佛教是宗教，或是學術，還是智慧？」

大師說：「佛教是宗教，也是哲學，更是人生的道德；佛教是導人向善，讓人臻於善美。」

提問：「佛教講『律己嚴，待人寬』，講究修身養性，慈悲為懷，其中談論最多的就是『忍』字，大師對這個字有什麼看法？」

大師說：「忍，不是忍窮、忍苦、忍困難、忍飢、忍餓而已，重要的是，忍得了一口氣。佛教談『忍』有幾個層次：能認識、能接受、能承擔、能負責、能化解。要生存、要生活、要生命，就要能『忍』。忍是一種力量，一種智慧；忍是世間強大無比的信心、道念。」

提問：「如何看待『捨得』二字？」

大師說：「能捨就能得，如同走路，捨掉前一步，才能不斷地向前邁進。」

提問：「如何面對人世間的苦難？」

大師說：「增強忍耐的力量、慈悲的力量、智慧的力量、信仰的力量；有力量，就不怕苦難。」

提問：「大師一生的心願？」

大師說：「讓世界和平、人我平等，讓所有人歡喜快樂、幸福自在。佛光山在基督城興建道場，為的就是提供大家一個心靈加油站，若累了、倦了，來到道場加油後，再繼續衝刺。」

提問：「對於沒有宗教信仰的人，您想給予什麼樣的訊息？」

大師說：「紐西蘭的人很善良，依此本性，可以做為世界上多元文化的模範。沒有信仰的人，也需要與人共生共榮，也需要在人間獲得歡喜快樂。」

89
無理走遍天下

二〇〇八年三月二十二日，台北佛光青年林心恬，在選佛場巧遇大師，請求大師開示青年的處世之道。

大師告訴他：「現在的年輕人，甚至是老年人，有個一樣的毛病，就是認為自己『有理』。這個『有理』，障礙了人的進步，造成心理上的偏見，致使道德、人品產生了增上慢，因為他凡事都認為自己『有理』。

比方，十點鐘開會，卻十一點鐘才來。其實你應該直接道歉，說『對不起，我遲到了。』但你沒有道歉，而是講述來的時候臨時接了電話，或是突然來個客人，或說要來的時候忽然下雨了、堵車了，林林總總，說了不少理由，但種種理由，都跟十點鐘的開會沒有關係。」

大師接著又說：「不管你有任何理由，都應該預算好，十點鐘準時趕到才對；你不能趕到的理由，都推給外在的條件不對，這些推託之詞，只能說明你個人的狀況，但不能拿來要求大眾認可你的道理啊。所以說，自認『有理』，是我們的愚癡、是我們的毛病，限制了我們人生的進步，阻礙了我們與他人美好的緣分，導致了我們的偏見固執。古人所謂『有理走遍天下』，這道理是被人誤用了；若能把習慣搬出『有理』對付別人，轉變成事事謙卑的『無理』，那麼『無理』才是走遍天下的『真理』。」

90 從心找到自己

二〇〇八年五月十一日上午，大師在傳燈樓會議室接見菲律賓《佛陀傳——悉達多太子音樂劇》全體成員近百人。

大師說：「不同的國家、宗教，產生許多不同的教派，但最重要的是要有信仰，因為信仰是在內心找主人，是內心珍貴的寶藏。

宇宙間真正的神、真正的主人是自己，神並沒有創造宗教，而是人創造神、創造宗教。

一個人可以有二個宗教信仰，就像同時愛爸爸、媽媽一樣，宗教代表文化，世界上的宗教、文化能和合，是最美好的事。」

91 人生要什麼？

二〇〇八年六月一日上午，大師在印尼 Grand Angkasa Hotel 飯店，為國際佛光會蘇北協會幹部講習會授課。

大師首先告訴大家：「世間上所有的人都要表現自己的力量，佛光會的大家要表現特殊的才能與力量；學佛的人，要有忍耐的力量、慈悲的力量。」

接著大師以四點「人生要什麼？」，勉勵大眾要懂得深思人生真正的需要所在。

一、要名：要名不是一時的名義，或是政治的權力，而是真理的名義。參加佛光會，就會有名，名就是力量。要名，是要道德之名、慈悲之名、正派之名。

二、要利：財富有有形的、一時的、現在的、個人的財富；要擁有財富，就要以無形的、永久的、未來的、大家的財富為我們所有，如信仰、智慧、耐力、思想、真心、平安、健康、吉祥、圓滿等，皆是永久的財富。

三、要緣分：人生最重要的就是培養因緣，有因緣就有佛法，有佛法就有辦法；參加佛光會，會有因緣；擁有佛光會，就擁有全世界。

四、要成功：成功不只是擁有一份職業，而是「先天下之憂而憂，後天下之樂而樂」；無論外在環境如何改變，要有擊不倒的信心。

92 結一份佛緣

二〇〇八年六月五日晚上，大師在新加坡佛光山主持「薪火相傳——信徒接心」，包括總本山、台灣人間大學、亞洲佛香講堂、馬尼拉佛光山、東京佛光山、美洲多倫多佛光山、歐洲維也納佛光山、荷蘭荷華寺等別分院，亦透過網路視訊，全球同步播放。

大師說：「所謂『接心』，主要是讓大家有緣進入佛門；一旦有緣分，自然可以從佛門進入到信心之門、智慧之門、慈悲之門。」

隨後針對大家提問，一一釋疑。

提問：「佛門對『放下』觀念為何？」

大師說：「看得破有得過，佛教不是完全放下，有時也要提起。如同皮箱，有用時提起、無用時放下；應當放下要放下，應當提起時，要勇敢提起。」

提問：「近年來世界各地天災人禍頻繁，是不是世界末日到了？」

大師說：「佛法講世間無常，一切事物都有成住壞空，房屋震倒了，只要信心不倒，可以重建；可以對未來生命有更好的規劃。所以信仰的價值，不是要求世間生命不死，花朵不謝，一切幸福美滿。人類要想消除災難、共業，唯有淨化身心，點亮心燈，才有希望免除。」

提問：「如何保持信仰的信心？」

大師說：「信仰不是將佛菩薩當成保險公司，幫我們保險。求人不如求己，就連觀世音菩薩手持念珠，也是念觀世音。祈求固然會有加持，但要合乎真理，首先是要自心能夠清淨。」

提問：「請問大師管理佛光山、佛光會的祕訣？」

大師說：「管事容易、管錢好管，因為事與錢不會跟你抗議。管人不易，因人有思想、有意見；若知待人好，則人好管。最難管的是如頑猴惡馬的心；能把心管好，一切都好管。佛光山的管理是『給人信心、給人歡喜、給人希望、給人方便』，願意『給』，會得到對方的回饋與付出。」

提問：「佛光山為什麼特別重視教育？」

大師說：「教育不但提升人的品質，也提升社會、國家的形象。一個國家的教育普及，國力自會增強。佛門的教育重視『自覺』，也就是自己做自己的老師。」

提問：「只要心好、行善就好，何必一定要信仰佛教？」

大師說：「既然心好，為何不信佛教？佛教是真善美，信仰有信心、慈悲、忍耐、智慧等無限美好的東西，不相信就不能獲得。」

提問：「受戒真正的意義何在？」

大師說：「戒律不是不犯戒，而是在於肯認錯懺悔、肯將功贖罪；在懺悔的心意下，無邊的罪業必會滅卻。戒律裡有許多通融的方便，不會不通人情，因此，受戒有百分之百的利益。」

93 把握現在，創造未來

二〇〇八年七月十日上午，國際佛光會青年總團部執行長慧傳法師，禮請大師在傳燈樓集會堂，為參加「國際佛光青年會議」的海內外逾三十個國家地區、近千名青年開示。

大師說：「人為何有生老病死？世間為何有許多的不平等？氣候為何千變萬化？人生會面臨許多的迷思，希望大家藉由來到佛光山的因緣，從中尋得解答。此行並非單是來山聯誼，主要目的是能夠在殿堂的佛像、法器、誦經聲中長養智慧，從佛光山的一草一木裡找到自己。

佛教認為時間如同一個圓環，是開始也是結束，就像春夏秋冬與時鐘運轉般，無始無終，循環不已。佛經云：『人身難得今已得』，我們要把握現在，創造未來，要讓生命的花朵開得芬芳，綻放美麗色彩。

此外，一個人的道德要增上，要學習吃虧、勤勞、慈悲、樂觀、積極進取、讓人接受；若能發如是誓願，道念不動不搖，人生自會有不同的風光。」

94

現在影響未來

二〇〇八年十二月十一日上午，大師在美國西來大學，接受媒體採訪。與會者有洛杉磯中文電視台第18台「今日洛城」主持人卓蕾小姐、中天衛視、天下衛視、人間衛視、《星島日報》、《僑報》等記者。

大師針對「人生的現在與未來發展」、「全球經濟海嘯的看法」等問題給予釋疑。

提問：「如何過好現在，又如何發展自己的未來？」

大師說：「在時間上有『過去、現在、未來』，在空間上有『這裡、那裡』，在時空裡營求的是人我間的關係。現在與過去有關，過去會影響未來，所謂『欲知前世因，今生受者是；欲知來世果，今生作者是』，現在怎麼栽種，就會有未來的結果。」

提問：「面臨當今經濟海嘯，應以何心態過好現在，面對未來？」

大師說：「時值經濟海嘯，須以『不變』應萬變。『不變』即是克己助人，別人改善了，自己也會好過；或暫時不動，等待機會。處在經濟動盪的時代，大家要不受誘惑，不隨外境起舞，以求得內心的安定與平靜。」

提問：「您對中國佛教的現在和未來有何看法？」

大師說：「中國佛教除依照觀光旅遊業發展外，更要能對社會道德重建、人心安定、社會秩序有所幫助與增益。中國佛教應融和與加強傳統與現代，未來道路必定就是『人間佛教』，人間佛教，就是人人可以改善，從生活上改善，從思想上昇華，從心靈裡擴大，從人我之間和諧；人間佛教，對整個國家社會必定有很大的貢獻。」

95 四海一家，應相互尊重

二〇〇九年二月八日上午，世新大學楊嘉彥教授率領六十多位「第八屆兩岸大學生新聞營」學員來山參訪，大師特別於傳燈樓會議室為他們開示。

針對同學提問，如時下媒體報導傾向腥羶、暴力、緋聞、口水等，刺激讀者視覺神經的新聞報導，人間衛視、《人間福報》如何掌握報導的方向？西方天主教、基督教和傳統的佛教在機制上有何不同等問題，大師回答：

一、釋迦牟尼佛三十一歲成道，玄奘大師二十六歲發願西行取經，足見佛教是青年的宗教，而非老人的宗教。

二、人間佛教是佛說的、人要的、淨化的、善美的，人人皆有佛性，自我修持皆能成就佛道。生命線創辦人曹仲植老居士早年行善，太太希望他拜佛，我告訴他，不必拜佛，行佛就好。爾後，他更是熱心公益，捐贈無數輪椅，方便殘障人士，此舉即是展現人間佛教的大悲精神。

三、記者不實的報導，其殺傷力比槍炮子彈還可怕。文字流通地域廣，年代遠，真實報導至關重要。希望藉由「真善美媒體獎」，促使媒體多方報導社會可愛、光明、慈悲的一面。

四、佛教宗派林立，百花齊放，四海一家，應相互尊重。佛光山、佛光會僧信融為一體，制度化、體制化組織之運作十分健全。

96 擁有真理的存款

二〇〇九年三月十一日下午，大師特地到叢林學院女眾學部關心同學學習情況，隨後在圓門，與師生開示、接心。

大師說：「對人事、個己、佛法，要有堅定的信仰，有了信仰就能產生光明、希望與力量。佛學院是信心養成之處，同學們要把握在學院求學的時機，珍惜這份求道的因緣。現今有許多高學歷求職者，以及曾擔任高階主管的年輕人，因為沒有體認到大環境的改變，依然要求高薪資、高職位，所以遲遲找不到工作；有的是缺少自知，不知道自己的能力有缺陷，卻妄求找到輕鬆又高薪的工作。人貴自知，你們捨棄了社會的工作收入，到學院來，就是擁有『真理的存款』。」

97 受人恭敬之道

二〇〇九年四月二十九日，
大師於佛光祖庭宜興大覺寺，與全體大眾接心。

大師坐定後，見前方尚有空位，於是為大眾講就坐禮儀，大師說：「先到者應先就坐，前面有空位也應該往前補齊，主講者一旦就坐完畢，遲到者不論身分應坐在後排。」

大師又說：「真正的恭敬，不是要來的，而是因為個人的德行。出家人不是以男女相之分，而是視其修持道行。何謂人間佛教？有菩提心、慈悲心、平等心、尊重心都是。」

98 以和為尚

二〇〇九年五月十日下午，聯合國 NGO 和平促進會發言人琴娜歐小姐（Ms. Gino Otto）至台北道場拜會大師，並針對世界和平及女童權益等問題請教大師。

提問：「如何透過宗教促進世界和平？」

大師說：「佛教的慈悲、包容、服務、奉獻，對促進世界和平，必能提供很大的助益。」

提問：「大師對女性在世界上的地位有何看法？」

大師說：「佛教講『眾生平等』，女性的智慧、能力並不亞於男性。現在是人權、民權時代，對女性歧視是落伍的，所以男女眾應互相尊重，聯合國更應該多提倡女權。」

提問：「大師對人權的問題有何看法？」

大師說：「歷史上權利的演進，是由神權進而君權而人權，如今進入生權時代，即一切眾生皆有生存的權利。出家人稱為『和尚』者，就是要『以和為尚』，平等為貴。人我、財政、經濟不容易平衡，需要開明的領導者讓人民受到重視。人類的智慧也不完全平等，但是國家可以在教育上普及。中國的孔子倡導有教無類，佛教教主釋迦牟尼佛倡導一切眾生皆有佛性，都是尊重人權的重要思想。」

提問：「我自己在推動女童運動時，會透過打坐教導他們觀想心的光明，提升自己的精神意識，讓心平和。請問大師，應該如何教導他們提升自心的力量？」

大師說：「能夠超越就有奮發的力量，就能發展擴大。光、電、水、空氣都屬於大自然，都有無比的力量。佛教以為，虛空都在我心中，要看到自己的心，最重要的就是要找尋自己，健全自己，就會獲得尊重，能夠教導他們建立自尊心及自信心，要有做一位有為的女性，對社會人類有所貢獻的願景。」

99 讓年輕人出頭

二〇〇九年五月二十五日上午，大師在傳燈樓客堂，會見華藏淨宗學會的創會會長淨空法師，及其所帶領的紐澳、香港地區的淨宗學會徒眾等人。淨空法師表示，淨宗學會創會到現在，使用人事合一的行政方式，目前有一百多位學員大眾一起互相學習。

大師聞言回應說：「要成為長老、宗長，歷史是不可或缺的一環，有豐富的閱歷，才能承擔大任。佛光山有眾多人才，各有專長，而現任的主管多數是中生代；我也期許教界能『世代交替』，讓年輕的人才早日出頭。

尤其現在的佛教徒，視野觸角要有國際觀，要弘揚人間佛教；放眼當今快速發展而強盛的中國，更是需要人間佛教『淨化人心』的思想來輔佐成長。」

100 四大菩薩的管理學

二〇〇九年六月二十七日晚上，大師在如來殿大會堂，為佛光山翰林學人聯誼會、終身學習嘉年華人間大學暨社區大學聯誼會、勝鬘書院十五週年聯誼會、佛光山叢林學院、國際傑出青年禪學營、台北及南台都市佛學院、佛光大學佛教研修院，以及全山大眾等逾一千五百人講說「佛光山的組織與管理」。

大師說：「佛教的學問，講的就是管理。《論語》提到，非禮勿視、非禮勿聽、非禮勿言，就是要我們做好眼耳鼻舌身意的管理，這也是修行。佛教裡諸佛菩薩可說都是管理專家，例如阿彌陀佛對西方淨土的管理、地藏菩薩對地獄的管理、藥師如來對安和樂利琉璃世界的管理、釋迦牟尼佛以六和敬及戒律來管理僧團，即是寺院管理。三藏十二部經中，如《阿彌陀經》的經文，闡釋極樂世界，提供生活滿足、使心靈有依靠，這是幫助思想淨化的管理學；《普門品》裡，觀世音菩薩『聞聲救苦』、『應施無畏』，正是以慈悲管理的代表；《地藏經》中，地藏菩薩的『地獄不空，誓不成佛』，則是以大願心管理的代表。」

大師又說：「叢林語言的運用，比如『請長老慈悲開示』、『弟子慚愧』，這是使僧團和合無諍的因素之一，這不也是具有人情味的管理哲學？初入佛門第一課皈依三寶，代表民主平等，第二課受持五戒，是自由的最佳寫照；滿面笑容、滿口好話、滿心歡喜、滿手好事及隨遇而安、隨喜而作、隨心自在、隨緣生活，都是把心管理得柔軟的妙方。」

101
悟，超越外相形體

二〇〇九年七月三日晚上，大師在傳燈樓會議室，
與「國際傑出青年禪學營」六十七位學員接心，
針對學員提出對生命、修行及佛教發展等問題開示。

大師說：「人透過六根接觸外境，對事物有所認識，但六根所見所聞不一定完全正確，禪宗教導我們反觀自心，心可以包容世界，並從打坐中讓自己心外一如，進而悟道。佛教的『悟』和『知道』有所不同，知道是一種分別心，依靠知識去判別一切，如同『盲人摸象』，從自己所知做判斷；悟則是超越外相形體，從事物本體了知，達到般若智慧的風光。」

102 最高的管理是尊重

二〇〇九年七月四日晚上，大師在法堂會議室，為國際組及書記室的徒眾開示。

大師說：「做任何事都要有鍥而不捨的精神，有永不放棄的決心，將來必定能有所成就。」

大師又說：「來到人世間，應當為社會、為眾生留下一點貢獻，才不枉此生。要多用功，可以從抄寫《教乘法數》、做《金剛經》及《大乘起信論》科判、選擇六十部佛經做表解及輯錄《大智度論》等開始做起。也可以選擇撰寫文章、蒐集資料、整理文稿，乃至教書、國內外弘講等等，以期多向發展。國際組可以訂閱全世界的英文雜誌，以掌握國際資訊，期能與時俱進。」

接著談到「管理」的問題，大師說：「**最好的管理學，是能夠互相尊重、彼此成就，要有理念、有希望、有共識，要能給人信心、給人歡喜、給人希望、給人方便，才能達到最高的管理層次『不管而管』的境界。**」

103

信仰可成為力量

二〇〇九年七月六日晚上，馬來西亞佛光山榮譽功德主陳瑞萊、梁偉強等一行六人來山拜會大師。大師針對眾人提出的問題，給予開示。

大師說：「你相信佛教嗎？信佛教，佛不要我們信，信佛其實是信自己，佛在我們心中，外在的拜拜只是象徵性的。太忙沒有時間信佛、拜佛嗎？其實，拜佛等於汽車要加油，人要吃飯，是精神的世界，而忙於事業，如果加入信仰，就更有力了。生活中遇到不如意，要有方法解決，所謂有佛法，就有辦法。」

有信徒問：「這是一個五花八門的世界，佛教也是，要如何選擇我們的信仰？」

大師說：「正信很重要。信仰可成為力量，這是不會錯的。就是現在的大馬，穆斯林認為有信仰就有力量。但佛教沒有特別倡導信仰的力量，一般人雖有信仰，也是馬馬虎虎。人有信仰，對社會就有使命感。」

信徒問：「佛教沒有敵人嗎？」

大師說：「佛教徒是被人欺侮，不欺侮人。拳頭不一定是最強的，最強的是『做好事、說好話、存好心』；拳頭的力量不會比慈悲、愛語的力量大。」

104 般若的四等層次

二〇〇九年九月二十三日下午，大師應邀前往吉林省長春市般若寺，方丈成剛和尚率領僧信四眾隆重迎接。隨後大師於該寺大講堂，為大眾開示「般若要義」。有吉林省宗教局局長姜光子、敦化市宗教局局長姜學明等人與會。

大師說：「般若有四等層次。學佛首先要具有『正見』，繼而要明白『因緣』，之後要懂得觀『空』，最高層次就是要開啟人人本具的『般若』佛性，大家虔誠向佛的心，就是般若本性的流露，但是學佛更重要的，就是要把般若用在生活中；能在生活中運用佛法，時時感受佛與我同在，才有價值。所以要勇敢承當『我是佛』，讓自己的生命活出佛的慈悲與智慧。」

105 用慈悲停止世界的戰爭

二〇〇九年十月十八日晚上，大師在馬來西亞檳城，出席於「處女星號郵輪」上舉行的「國際佛光會世界總會第四屆第五次理事會議」，以「如何獲得人間佛教的真正意義」為題，為與會佛光會幹部開示。

大師說：「佛光會融和了走入深山古寺的禪宗和在家修行的淨土宗，讓普世共享快樂、幸福、歡喜、安全的佛法；而人間佛教的具體意涵，簡單地說，即『和諧』二字。關鍵有五，即自心和悅、家庭和順、人我和敬、社會和諧、世界和平。」

大師又說：「修行學佛從自心做起，你的歡喜影響到家庭，擴大到人我之間以及社會、世界的和平，佛光人應極力宣揚佛教的和平主義、忍耐主義及無我主義，把佛法的般若智慧傳播到世界，用歡喜促進人心的和諧，用慈悲停止世界的戰爭。我們的使命，就是把慈悲種在每個人的心裡。」

106 三好運動可以改變世界

二〇〇九年十一月二十日上午，大師於美國西來寺接受聯合國NGO和平促進會發言人Gina Otto、《人物雜誌》（People Magazine）記者Debra Springer專訪。

大師針對男女平等、女性教育、心靈革命、人際關係、環境保護等問題表示：

一、世間上男女各有優缺長短，佛教認為女性慈悲多於男性，男性智慧超越女性，兩性之間可以兩相平衡，截長補短。女性對家庭、父母、社會服務與貢獻不輸男性，全世界重男輕女觀念，需要更多優秀女性來革新。女性需增強其決斷力、自主力，因女性依賴性較重。女性最大問題，是見不得人好、人美，因此觀念上最重要的改變，是要祝福並樂見別人比自己更好。

二、世界問題有氣候的改變、環境汙染、貧富懸殊、發展武器等等，社會上是靠輿論、法律、宗教影響而有所改變。依佛教而言，最重要的是靠每個人的行為來改變世界，佛光會倡導「三好運動」來改變世界。心的力量可超越一切，但一個人的心念還是有限，共同的心力影響力更大。

三、過去西方人追求自由民主，但比自由民主更重要的是平安幸福。胡錦濤先生提倡「和諧社會」的願景很美，但要以「存好心」與「尊重包容」來完成。

107 佛教也重視財富

二〇〇九年十二月十三日下午，「菲華商聯總會」黃禎譚理事長、盧武敏名譽理事長等十七位董事、委員，至菲律賓馬尼拉世紀大飯店拜會抵菲弘法的大師。

大師說：「人間佛教也很重視人間的財富，錢財是人發展的動力之一，在佛教裡也重視財富，稱為『善財』、『淨財』。財富有現世的、未來的財富；有個人的、公共的財富；有私有的、公有的財富；有一時的、永恆的財富；有有形的、無形的財富。我們求財，當求萬世財。

財富也不只是金錢，平安就是財富，歡喜就是財富，健康就是財富，家庭和諧就是財富，智慧、明理、人緣等都是我們的財富。世間最寶貴除了有財富，還要活得很歡喜，幫忙大家，錢財流到各個地方，大家都可以用。所謂『捨得』，能捨就能得。在佛教裡，有我們人間需要的生活美學，生活的哲學，是一種超越的人生觀，是金錢世界不一定買得到的東西。

只要有願就有力量，有佛法就有辦法；『幸福』不一定要用求的，願意耕耘就會有收成。『行佛』也一樣，佛不一定要用拜的，能夠在生活中落實慈悲與智慧，肯為他人付出，就是一種行佛的態度。大家在辛勤工作之餘，也要能致力於公益活動，帶動社會的真善美。」

談及一生最大的心願，大師說：「我到這個年齡，沒有什麼願望，現在是隨緣，吃得好不好、做得好不好都不計較，是隨緣生活。如果說要有什麼願望，就是兩岸和平不要戰爭，中國人成長，在世界上都能受人重視；人都要有願望，有希望，活著才有趣味。人到了中年，除了個人、家庭以外，還有朋友、種族、同門、同學、同事、同鄉、華商會等等，要慢慢把自己從個人擴大到社會，從家庭擴大到國家、到世界，世界才會擴大。」

108 人生應訂定生涯規劃

二〇〇九年十二月三十一日上午，
大師於本山法堂接受《揚州晚報》記者採訪。

提問：「辭舊迎新，新舊之交，您是如何看待這一新舊更迭的自然現象？」

大師說：「詩云：『今人不見古時月，今月曾經照古人。』世間的一切，在時間循環遞嬗下，留下歲月的痕跡，在我們心裡因而有了『新舊』之分。在新舊交替之際，人生的事業要不斷發展，人心的淨化也要不斷更新，所以藉由年慶因緣，我們要有新的想法、新的貢獻、新的道德觀念、新的服務精神。『同體共生』，應該就是這個時代人類共同的目標。」

提問：「一歲一枯榮，在人生的歲月年輪更迭中，我們應該怎樣隨著年齡增長，而去增長智慧，增加閱歷？」

大師說：「當今的國家政府，為了服務人民、造福百姓，都會訂出所謂的『五年計畫』、『十年計畫』。人生也應該要有『生涯規畫』，如孔子說：

『十五志於學，三十而立。』十歲是成長期，二十歲是學習期，學習完成後，到了三十而立之年，不但道德、人格要修養有成，而且應該更加的勤奮努力、愛國愛家，期能增加『四十而不惑，五十而知天命，六十而耳順』的成就。」

提問：「在現代這樣的紛繁複雜的世界裡，一個人如何才能保持平常的寬心？」

大師說：「人生不但比歲月的長短，還要比心量的包容。你愛一家人，就可以當家長；你愛一城人，就可以當城主；你愛一個國家，就可以當領導。佛教講『心包太虛，量周沙界』，人生的成就，就看你的心量能包容多少，成就就有多大。」

提問：「您是揚州人，對家鄉有著很深的感情，請問您對家鄉的寄語。」

大師說：「我是揚州人，感謝揚州這塊土地，孕育、成長了我的童年，感謝揚州的父母、鄉親，培養我成為現代的中國人，成為同體共生的地球人。揚州是古來的歷史名城，我們揚州的子弟，應該發揮前賢的豐功偉蹟，讓揚州不只因『天下三分明月夜，二分無賴是揚州』而自豪，甚至也不只是『煙花三月下揚州』，而是『一年四季揚州好』。」

109 我怎樣走向世界

二〇一〇年三月二十日，大師應邀至「揚州講壇」開講，這是二〇〇八年開壇以來，大師首度應邀演說。與會者有江蘇省宗教局局長王軍、揚州市委書記王燕文、副市長王玉新，南京棲霞山住持隆相和尚，揚州大明寺住持能修和尚等二千餘人聆聽。

大師以「我怎樣走向世界」為題，述說自己童年、出家、台灣弘法及走上世界的四個生命階段。

大師說：「雖然生在窮苦家庭，感謝父母生養我忍耐、勤勞、慈悲的性格，樹立了自己的形象。多年來雲水世界各地，走到哪裡，都說是『回』到那裡，因此自許做個『地球人』。

什麼是慈悲？立場調換就是慈悲，幫忙他人就是幫助自己。

我一生弘法數十年，都是『以無為有』。無不是沒有，而是更多；無是無限、無窮、無量、無邊。

和諧就能長遠，和諧就能領導全世界。只要人人自覺，從勤勞、服務、待人好，身做好事、口說好話、心存好念做起，人人都可以走向世界。」

對於出家生活，大師引用經典的四句話告訴大家：「對自己要『不忘初心』、對社會要做『不請之友』、對朋友要『不念舊惡』、對世間要『不變隨緣』。」

大師解釋道：「凡是好事、善事，對國家社會有益的事，都要做『不請之友』、直下承擔責任；『不念舊惡』是自己內心清淨，對人包容；對好事則要有『不變』的原則，對小事則『隨緣』不執著、不計較，因為這世界是全體大眾共享的，不是個人的，所以要尊重大眾。」

110 在黑暗中也能得道

二〇一〇年四月十八日，大師在佛光山叢林學院與學生講話、開示。

大師提及早期佛學院有個小女孩，什麼都不怕，就是怕黑。

大師問同學們說：「你們怕什麼呢？人活在這個世界上，可畏懼的事實在很多。例如有的人怕生病，有的人怕貧窮，有的怕給人欺負，有的怕失去尊嚴，有的怕丟了名譽，有的怕生活艱難，有的怕失戀，有的怕經濟倒閉，有的怕鬼魂纏身，有的怕神明懲罰，有的怕官僚壓迫……我們身邊可畏懼的事情，可說是不計其數。」

大師又說：「你們當中有人會怕黑嗎？怕黑其實是怕鬼怪。從三、四百萬年前，開始有了人類，白天是光天化日，夜晚卻伸手不見五指，一片黑暗，不知道走向前一步會是什麼情況；因此就有很多的鬼神之說，很多的邪惡之事發生，畏懼黑暗就成為人之常情了。直到一百多年前，才有電燈的發明，但未必恐懼之心就能消除。」

「正因為人怕黑暗，就需要信仰，需要信佛。佛是什麼？佛是光明，所謂的佛光。我們雖然有了光，卻不知道光的重要；光給予我們明亮，讓我們不畏懼、不恐怖；光給予我們照明，知道前後左右的狀況；光給予我們溫暖，不怕寒冷。火與電的發現，讓人類除了太陽，時刻都能有光，增加人的信心安全。光還能讓萬物生長，如植物界的向日葵，它的生長都是向著日光的。佛就是光，你有了佛在心裡，還怕什麼邪魔外道呢？有了佛光，會感到人間有溫暖正義；有了佛光，就能安全成長。信仰有多高多深，你的膽量就能增加，你的正義就能增加。求道的禪師閉眼不看一物，那不是黑暗嗎？但是他在黑暗裡卻可以很寧靜，他在黑暗中找尋自己，在黑暗裡也能得道啊！因此，黑暗又何懼之有呢？」大師如是說明禪師閉眼，在黑暗中也能得道，這是因為他用內心的佛光去除黑暗。

111 於無錫闡述「世界公益」

二〇一〇年五月二十三日下午三時，大師接受貴州衛視《論道》節目邀請，與中央社會主義學院第一副院長葉小文，和主持人博鰲亞洲論壇龍永圖祕書長，於無錫梵宮「論道」，共同闡述「世界公益」。

提問：「人如何在生活中追求最大的幸福？」

大師說：「參與公益，不但自己幸福，別人也會幸福。宇宙、世界，都是因緣所成，現在地球各處災害，與人為不無關係。因為不愛護地球，導致山林倒塌、土石流、水源和空氣汙染等問題，人類的生活自然不幸福。為了人類的幸福，我現在提倡『五和』，即『自心和悅、家庭和順、人我和敬、社會和諧、世界和平』；也提倡『三好運動』，身做好事、口說好話、心存好念，身口意三業清淨，人生必定功德無量。」

提問：「請大師給年輕人一點寄語，使他們少一點煩惱，多一點幸福。」

大師說：「青年朋友們，你們在人間活了二十多年，對人間有什麼貢獻？童年時期父母養育你，青少年時期師長教育你，到二十多歲社會還是要培養你。你受國家社會多少的恩惠，要想到報答，不要老是想自己，要給人接受，人家才要你。

現在的人都沒有想到為自己要樹立形象、樹立品牌、讓人接受。青年人是國家的棟梁，要能撐持這一個重擔；青年人是社會上最活躍的國家生力軍，要能替國家奮鬥、飛揚、發展。不要老是活在象牙塔裡，如果只想到自己個人，就會痛苦。

『苦從哪裡來？』現在年輕人常感到苦，因為沒有感恩的心。要報父母、師長、國家、社會大眾的恩，要覺得自己努力不夠，就算苦也是應該的、當然的，要以苦為奮鬥的動力。苦，是從『我』來的，自私就會苦惱。如果能把『我』做到『忘我』，我不重要，別人、公益很重要，你的快樂就會增加了。

現在很多年輕人動輒輕生。生命不是你個人的，父母生養你，國家培養你，為什麼要自殺？自殺和殺生一樣，罪過很重。年輕人要珍惜自己的生命，你連死都不怕，還怕做事嗎？還怕為人服務嗎？所以現在是公益的社會，青年朋友們要參加公益。所謂『忙就是營養』、『忙就是快樂』，勞動、服務就是成功的動力，忙就沒有閒情逸致天天想自己。」

葉小文副院長表示：「關於公益，大師給我們講了很簡單的道理，就是『天下為公』，利益別人就是利益自己。假如別人有困難，你如千手千眼觀音菩薩幫忙他，當你有了難處，就會有一千隻手來幫助你，這就是公益。」

112 心業時代

二〇一〇年七月十三日上午十時，
大師於佛光祖庭宜興大覺寺，與義工接心。

大師首先感謝大家做不請之友，來到大覺寺當義工，並說：「義工就是菩薩，義工就是服務。從過去農業、商業、工業、高科技工業，到現在心業時代，人類的努力就是不斷在創造淨土。人和人要和諧、幫助，不要殘殺、鬥爭；維摩的唯心淨土、華嚴淨土都在人間。有多少心意、力氣，就奉獻多少。目前大陸沒有義工，大覺寺有百位以上義工是很了不起的，未來大覺寺更需要專業的義工，如水電、土木工程、園藝、廚房、知賓接待等等。」

大師又說：「你們帶領參訪團，以送書為主，除了書以外，還要給他們『知』；不只知現在，還要知未來。除了參觀，還要有佛法。當然，我們的對象不只是來的人，還有沒有來的人，要想『怎麼讓他們來』。」

113 道無古今

二〇一〇年七月十六日，
大師從台北搭高鐵南下回本山。

在車上，隨行弟子請教大師：「人間佛教和原始佛教的差異為何？」

大師說：「『法』沒有差異，古今都一樣，所謂『道無古今，悟在當下』。詩人李白說：『今人不見古時月，今月曾經照古人。』我們可以把時間分成過去、現在、未來，但是道、佛法、真如、自性，沒有時間，故謂『豎窮三際，橫遍十方』。」弟子若有所悟，感謝大師提撥。

114

能捨者必能得

二〇一〇年十月十九日晚上，大師應邀在台北遠東飯店，出席由《遠見雜誌》主辦「第八屆華人企業領袖高峰會」之「人生夜談」講座，與監察院王建煊院長、信義房屋周俊吉董事長，以企業家的「捨與得」為題展開對談，由《文茜世界周報》主持人陳文茜女士主持，與會有台灣、大陸、美國等百位企業家共襄盛會。

大師表示：「『大廈千間，夜眠不過八尺；良田萬頃，日食又能幾何？』一個人的享受畢竟有限，各位有幸在社會上仰賴好因好緣，成為企業家，躍身富人榜，要想到金錢來自於十方，應該再想方法回饋於十方，所謂『十方來，十方去，共成十方事；萬人施，萬人捨，同結萬人緣』。

世間本是一體，身為地球人，就應該有『共生、共有、共存、共榮』的觀念；一個偉大的企業家要放棄『我執、我有、我私』的觀念，與社會結成一體。當捨則捨，當得要得；能得者必能捨，能捨者必能得，『捨』就是投資，『得』就是利潤。有投資就有利潤，要利潤則必須投資。」

115 善心創大學，大學育英才

二〇一一年一月二日，為感謝護持佛光大學興學十五年以上的委員、勸募一千位以上的圓滿委員，以及持續發心資源回收工作逾七年的功德主，「佛光山百萬人興學委員頒獎典禮」，於台北道場舉行，大師應邀出席致辭。

大師說：「作育英才，不只需要國家的力量，更需要眾人的支持。國家要富強，人才要輩出，都要對教育『持之以恆』。百萬人興學宗旨，就是集結眾人的力量，以聚沙成塔的方式，造就一所所培育英才的大學，點滴過程雖艱辛，但果實是鮮美的。」

大師又說：「以前的年代經濟拮据，念書很奢侈，如今各方資源豐富，集大眾力量，創辦優質大學，讓學子能有最豐富的資源念書，無後顧之憂地學習，這才是真正的『教育』。百萬人興學功德主所捐贈的一分一毫，皆以『善』為出發點，所謂『為善最樂』、『以一髮牽動全身』，互相影響、支持，最終成就四所佛教大學。往後，將以『善心創大學，大學育英才』的精神，繼續培育人才，這是實踐教育的最佳方式。」

116 普賢十大願

二〇一一年一月十六日，佛光大學佛教學院學生回本山參與行門課程（佛七），大師應邀於傳燈樓會議室為大眾開示。

大師以「修福不修慧，大象披瓔珞；修慧不修福，羅漢應供薄」的故事，說明行解並重、福慧共修的重要；福德因緣具足，人生才有前途。說道一丈，不如行道一尺。

大師勉勵同學：「不論在任何地方，想要存在、發展，須重視發心，心如田地，要開發、種植，才有收成。要自我教訓，不要怕修行，修行不要看外在，要看自己的心。不必怨嘆世間不好，有肥料才能成長萬物，有汙泥方可生出蓮花。」

大師也以普賢十大願說明具體實踐行門的方法：

一、禮敬諸佛：是人格的尊重，思想上的修行。

二、稱讚如來：是語言上的修行。要說好話，往好處想。稱讚別人，即稱讚自己。

三、廣修供養：要做到身口意三業的供養。

四、懺悔業障：認錯是最大的勇氣、最高的美德。懺悔就有力量，懺悔不是一時的，要成為終生的性格。

五、隨喜功德：見人做好事，自己要隨喜。不抱怨、不批評，能為自己找到出路。

六、請轉法輪：法如輪，輪要轉動，要推動佛法。

七、請佛住世：要樹立心中的佛祖、信仰、偶像，希望善知識長住世間。

八、常隨佛學：要歡迎、親近、學習聖賢及善知識。常想「有佛祖真好」、「有您真好」。

九、恆順眾生：順應民意、人心。

十、普皆回向：願天下人都能分享到自己所擁有的一切，就是普皆回向。

最後，大師勉勵同學：「修行是逆來順受，修正自己。自己要頂天立地，不必依附神，神也是人創造的，當心念純淨、沒有妄想、一心一意時，確實能和佛菩薩感應道交。有因緣接觸佛法，要立志做個有智慧、慈悲、耐心、愛心、快樂、逍遙、自在、解脫的人。

信仰佛教，不一定求佛、拜佛，重要的是行佛。實踐佛的慈悲、智慧、廣結善緣、不怕辛勞、不計較比較，因為『我是佛』。」

大師也希望同學記住在佛光大學的因緣，要自尊自重，相信自己有佛性、尊嚴、慈悲、智慧、能量，更要體會無限因緣的重要。就像沒有種子，光有陽光、空氣、水分等緣分也沒有用，期許同學要做菩提種子。

117 以愛相待尋求和平

二〇一一年一月十九日中午，大師在傳燈樓客堂，會見《旺報》社長黃清龍等三十多家大陸媒體代表所組成的「大陸媒體參訪團」。

大師首先期許媒體人要如媒人一樣，互相報導正面內容，推動兩岸關係和平發展，唯有「你好、我好、大家好」，未來才會更好，並回答參訪團的提問。

提問：「佛教對兩岸交流的看法？」

大師說：「慈悲沒有敵人，沒有人能拒絕愛，因此要以『愛』相待。」

提問：「對年輕人的建議？」

大師說：「年輕人要『給人接受』，看似簡單的一句話，卻必須具備學問、能力、耐力、明理等條件。」

提問：「如何解釋『活著就是修行』？」

大師說：「世間上有用的東西都有生命，要懂得愛惜。人的生命有四個階段：父母生養、社會成就、回饋社會及自我超越的生命，生命要不斷超越，求進步才有意義。」

118

佛館要讓人感受佛的慈悲

二〇一一年二月二日下午，
大師於佛陀紀念館，為全山大眾講話。

大師開示佛館建設的意義及管理的注意事項：

一、佛陀紀念館內，嚴禁車輛出入，除非有特殊貴賓來訪；但大家在執行、宣導時，請注意應對禮貌。

二、一般寺院以韋馱、伽藍為護法，佛陀紀念館的護法為四大菩薩，代表大乘佛教之悲智願行。

三、曾有人以台北一〇一之高度與佛陀紀念館之雄偉相比，然而佛陀紀念館有別於社會一般建築，它不是商業大樓，它象徵宗教的進步，內含各種文物、教育、修持設施，為信徒增長信心，是社會大眾的人生加油站、學校、百貨公司、博物館、道場，所以我們不必跟人家比較。

四、佛陀紀念館出售之紀念品，必須嚴格遵守「非佛不賣」的原則。

五、佛陀紀念館的發展，必須本著「人人為我，我為人人」的宗旨；功德箱不可以隨便拿出來，要放在有佛祖的地方，八塔不可以放功德箱。

六、不收門票、施平安粥（不收費），將是佛陀紀念館未來發展最大的力量，我們要為苦難的人設想，也讓富有的人出功德，讓所有人都能享受佛光普照，感受佛陀的慈悲。

七、佛陀紀念館「以無為有」，我們不要，但會擁有。我們推行佛法與歡喜、改善社會風氣、拉近貧富距離、造福人間，希望讓每個人過著稱心的生活。

八、佛牙舍利為佛陀的聖物，應該「供人禮拜」，而不主張「供人觀看」，因為它代表的是心靈的信仰。

「人有誠心，佛有感應，為何有的人有靈感，有的人卻沒有？『菩薩清涼月，常遊畢竟空，眾生心垢淨，菩提月現前。』只要自己的心海清淨，菩薩的清涼月自然會感應。所以要提倡信仰，信仰要虔誠。」大師叮囑大眾以「信仰第一」，唯有信仰，才能掃去塵垢，讓「菩提月」現前。

119

佛陀紀念館之美

二〇一一年四月十七日上午十時，大師應佛光緣美術館總館長如常法師之邀，於本山福慧家園演講「佛陀紀念館之美」。

大師以六大重點闡述「佛陀紀念館之美」：一、地理之美；二、教義之美；三、天宮、地宮之美；四、八塔之美；五、大佛之美；六、羅漢、祖師之美。並帶領現場近二千位信眾念佛及靜坐，說明修福修慧的方式及意義。

大師說：「念佛，與佛相應；靜坐，與禪相應。靜坐，不拘形式，只要求『靜』。不看外在，不假外求，看到自己的心，就能與禪相應。我們學佛、拜佛、行佛，重視禪淨共修、解行並重、知行合一，以求福慧具足。『皈依佛，兩足尊』，佛陀所以能成佛，就是因為福慧具足。在人世間，有福報，日用齊全、眷屬美滿；有智慧，思想豐富、計畫周全。」

大師又說：「欣賞佛光山的真善美，不能只看外表，要看內在；不能只從山下看，要在山上看；不能從門外看，要站在門內看；不能只看花草樹木，要看諸佛菩薩；不要只看別人，要看自己的心；不能只看世間，更要看到佛法。

佛陀的法身，盡虛空，遍法界，無處不在，佛陀在我們每個人的心裡。多年來我倡導『我是佛』，只要承認自己是佛，眼見是佛的世界；耳聞是佛的音聲；口說是佛的語言；鼻嗅是佛的氣息；所作是佛的行為；心想是佛的念頭。佛陀又何曾離開我們？是心是佛，是佛是心。」

120

佛經四句話

二〇一一年四月二十六日，大師應邀至西安法門寺參觀，陝西佛教協會會長增勤法師、法門寺監寺智超法師、法門寺常務副院長賢空法師等人接待；並應邀為法門寺佛學院學生開示，計有師生、信眾百餘人聆聽。

大師以四句話勉勵：

一、不忘初心：到佛教裡是自願的，歷經許多的辛苦、艱困是必然的；受苦、受窮、受委屈都是應該的。因為要成大器，過程要耐得住，要守得了。

二、不請之友：對常住、信徒的事都要主動，不要人家來叫我們。今後的社會必定是服務的社會，誰肯服務，誰就能存在；誰不肯服務，誰就會被淘汰。做自了漢，就是焦芽敗種，是不能存在的。

三、不念舊惡：「三人行，必有我師焉。」每一個同學、信徒都有我值得學習的地方，不必驕慢，不必官僚。一個人一生至少要親近二、三十位長老、善知識，記住他們的話，一生一世不要忘記。一個人要偉大，就要成熟、低頭、謙虛，因為佛法在恭敬中求。

四、不變隨緣：對於社會的冷暖、是非，我們要能「不變隨緣」，但不合乎佛法的，我有不變的原則。好比我有不變的信心、不變的菩薩道，但我要隨緣，隨大家作務，隨大家發心，隨大家做好事，不合乎佛法的，我不能參與。

121 堅守「正派」

二〇一一年五月三日，傳燈會召集本山女眾出家徒眾及師姑四百多人於傳燈樓集會堂，恭請大師接心。

大師針對健康、學業、修持、成長等各項問題開示：

一、佛光山的出家眾，最重要是「正常」。不管外界如何看待本山，本山大眾都應堅守「正派」的作風及形象，了解佛教的情勢，樹立佛教的法幢。「國家興亡，匹夫有責」，同樣地，常住之興衰，我們每個人都有責任。

二、佛教對於飲食都有規範。過去托缽乞食，不分貧富，不揀精粗，不計淨穢。現在大家不能口中說修行，卻連吃飯都吃得荒腔走板。過堂用餐如同早晚課誦，都是修行。大家要惜福、發心，在現實生活中必須具有正知正見。

三、「我在眾中」，修行不能離開大眾。「眾」也是一種醫療，「隨眾」就沒有毛病。長年有病者，要學習「與病為友」。

四、「慈悲」為出家人本有的形象。當提不起慈悲心時，也要努力嘗試，想想「我是出家人」，一點犧牲，沒有什麼了不起。

五、常住是我們法身慧命的依靠。沒有常住，就沒有我們每一個人；因此在常住就要守常住規矩，不能一意孤行。

六、認錯是勇氣，改過是美德。學習認錯、懺悔，就是佛法，就是修行。

122

忘不了，都是有緣人

二〇一一年七月一日下午，大師在傳燈樓集會堂主持「佛光山叢林學院各級學部聯合畢業典禮」，會中以「忘不了」和「給人接受」勉勵畢業生。

大師說：「要忘不了天地的恩情、父母恩、師長恩、功德主護法、常住、兄弟、同學的恩情等，要能滴水之恩，湧泉以報；要記得別人給予的恩情，日後做一個報恩、回饋的人。**不忘記自己的心，所有的芸芸眾生都是我們的有緣人。要『給人接受』，並時時不忘弘法利生；找貴人不容易，要做自己生命中的貴人。**」

123 人間佛教的意義

二〇一一年九月二日上午九時，大師於本山傳燈樓會議室為「第一期佛館工作人員培訓班」學員開示人間佛教的意義。

大師說：「有內容、有時代性、合乎佛陀本懷、大眾所需要的佛教，就是人間佛教。人間佛教看起來很淺，其實內容很深，因此要以智慧通徹佛法後，才能了解人間佛教。」

大師又說：「人間佛教妙不可言，是佛陀的智慧、佛陀的啟發、佛陀的慈悲，奉行人間佛教，則人間有愛，人間歡喜。人間佛教重視事業、人才、福利、布施，因此，不能只出世而不入世，有出世的思想、入世的想法，才能生死一如。」

124 人間需要菩薩

二〇一一年九月二十三日上午，大師在鹽城驛都金陵大飯店，會見大明寺住持能修法師等人。

大師對拍攝「鑑真大師」的理念，以及佛教的未來需要人才提出他的見解。

大師說：「要為現代佛教提拔人才，不能只有一個鑑真大師，還要有更多的鑑真大師；而且可以百花齊放，你發揚鑑真大師，我發揚玄奘大師，他發揚惠能大師等等。就像在台灣建佛陀紀念館，不是為我做、你做或他做，是因為十方大眾需要；這是為大眾、為文化、為歷史而做。想要拍攝鑑真大師影片很好，但真正要拍攝的是大師的精神。比方國際交流、勤勞艱苦、克己利人、始終如一等等，要思考對大眾有什麼啟發性。」

大師又說：「人才在哪裡？『人能弘道，非道弘人』，中國能有十個、二十個人，心中只有佛教、只有眾生沒有個人；有這樣的人，佛教就改觀了。因此，光靠拍一個《鑑真大師傳》是不夠的，中國佛教不是需要大師，需要的是人才。像趙樸初長者，就是人才，第一，他從年輕到圓寂，信仰始終如一；第二，他復興佛教寺院，推動人間佛教。人間需要菩薩，佛教的法輪才能常轉。」

125 出家三寶

二〇一一年十一月十二日晚上七時，大師以得戒和尚身分，於本山傳燈樓集會堂付囑「國際萬緣三壇大戒」的戒子。

心中要有「三寶」，大師說：

一、要「發心」：要開發人生前途、未來世界、人我關係等。「心」就是田地，開發「田」就能稻穀豐收，開發「地」就可以建大樓，因此開發心田、心地，可以生長想要的東西。發心看起來是為人，其實是為自己，如播種，將來是自己收成，因此，發心多大，成就就有多大。受戒讓我們有定點、有目標、有道路，所以要發恆長心。

二、要「忍辱」：忍有三個層次。所謂生忍：我們要生活、生命、生存，就要有力量，能夠認識、接受、擔當就是修行，有愛心、慈悲，就會甘願忍耐。再有，法忍：世間的好好壞壞太多，要能消除、化解；有法忍，表示你有智慧、有力量，修行又邁進一步。最後，無生法忍：一切法本無，不要把是非擴大，要視而不見，聽而不聞，即使有，要「猶如木人看花鳥，何妨萬物假圍繞」，不要被世間各種人事牽著鼻子走。

三、要「正道」：即「正派」。一個人的思想、見解、信仰、修行、布施要正派，無論做什麼都要正派，奉行八正道，一切以正為本。有道，就有路，就有理；有規矩就不會出錯，要以道為侶，以戒為師。

126

「佛祖巡境．全民平安」

二〇一一年十二月一日上午，大師在大雄寶殿成佛大道，為慶祝佛陀紀念館落成而舉辦的「佛祖巡境．全民平安」祈福遶境起程儀式開示。

大師說：「世界有四種人走過的路最遠、最廣闊，一是為保家衛國而行走山河的軍人，二是促進經濟物品交流的商賈，三是尋求世界更多資源與明媚風光的探險家、旅行家，四是為弘法行遍各地的佛教僧侶，佛教的詩偈云『一缽千家飯，孤僧萬里遊』，正是最佳的寫照。

『佛祖巡境．全民平安』是恪遵佛制的托缽行腳活動，恭請佛陀真身舍利在全台灣遶境，旨在為全國人民祈福，希望每個人皆能『走出自己的光明前途、走出社會大眾的幸福安樂、走出佛教的興隆未來、走出人間的歡喜道路』，讓我們帶著佛陀的慈悲光明向前走，走出平安，走出歡喜的未來。」

127

延續佛教慧命

二〇一一年十二月二十五日，佛光山佛陀紀念館舉行落成啟用典禮，總統馬英九先生應邀前來與會。席間，大師談起佛陀紀念館為了珍藏人類歷史文化，設有四十八座地宮收藏現當代文物，預計每一百年開啟一座。

馬總統聞言非常驚歎，但又好奇問道：「一百年開一次，實在太久了，開完至少要四千八百年……」

覺培法師向大師轉達馬英九總統的想法，並說：「師父，有沒有可能二十年或十年開啟一次？」

大師悠悠地說：「覺培！我雖不能像佛陀一樣，但我期許佛教能夠再延續四千八百年。」

128
星雲大師一筆字

二〇一二年三月二十六日上午，吉羊3D團隊在曲全立導演帶領下，來山製作《星雲大師一筆字》4D紀錄片拍攝。

《星雲大師一筆字》4D紀錄片拍攝中途休息時間，大師隨緣與拍攝的工作人員開示：

一、我們生活在人間，學習生存，最重要是什麼？忍。忍不是說忍苦、忍困難、忍氣吞聲，這不是忍。忍，是認識，要有智慧認識這個人間是非、好壞。認識是要能接受，無論各種好壞，我都要能接受，修習這個稱為「生忍」。

二、佛教還有「法忍」，世間一切法，也是要能接受，要能擔當、處理、化解。你在人間活著，忍就是力量，忍是生命一個重要的動力，是一個不二法門。

三、忍的最高境界，就是「無生法忍」，你修到最後就會了解，這個世間沒有什麼了不起，本來就沒有生，本來就沒有滅，何必惹塵埃？何必為一個假相迷惑？無生無滅，這個人世間，沒有什麼可以動搖我，沒有什麼能改變我，把我的生命擴大到宇宙之間，與普天下同在，那就解脫自在。

129 有佛法就有辦法

二〇一二年四月一日上午十時，福慧家園第九季共修會首場，恭請大師主講「有佛法就有辦法」，共有一八〇〇位信眾聆聽法益。

大師說：「佛法廣大無邊，佛陀一生講經三百餘會，說法四十九年，猶言『所說的佛法如爪上塵，未說的佛法如大地土』。慈悲、忍及無我的佛法，即是有辦法的佛法。」

談到慈悲，大師說：「有慈悲就有辦法。觀世音菩薩因為慈悲，所以家家的觀世音菩薩，都是供奉在最好的位置。救苦救難是慈悲，給人快樂，拔除痛苦是慈悲。慈悲人人都有，可惜大都只在一時，面對喜歡的人、眼前看得見的人、對自己好的人有慈悲；而對於不認識的、遠處看不見的、對自己不友善的人就做不到慈悲了。所以一時的慈悲易，永久的慈悲難；有緣的慈悲易，無緣的慈悲難；熱鬧的慈悲易，寂寞的慈悲難；眼前的慈悲易，遠處的慈悲難。」

說到忍耐，大師說：「從家庭的夫妻到社會人際，人與人之間的相處，輩分、年齡及所長都不同，多少要學會忍耐，不忍就會變成『相撲雞』（台語）。所謂有忍耐就有辦法，忍是一種智慧、力量、方法，善惡之間能接受、擔當，表示自己能認識、有力量，就是一種修行，就是忍。」

最後大師提到：「有『無我』的觀念就有辦法，現實的世間，要做到大我，不能只為個人，要能為家庭、團體、社會，層次要往上提升，學佛才能進步。」

大師進一步以佛陀紀念館為例，「建佛館要有無我的觀念，不是為自己建，是為十方大眾而建。佛館是佛陀的、是歷史的、是文化的。佛館沒有我的辦公桌，沒有我的床，因為我融入到大眾裡。像我寫『有您真好』一筆字，把『您』當作我，這也是『無我』的想法。」

130 世界是大家共有的

二〇一二年七月二十二日上午，
大師在本山電視中心與北京師範大學于丹教授對談錄影。

大師說：「釋迦牟尼佛開悟、證道，悟的就是因緣果報，這是很重要的問題。因緣果報是宇宙的真理，世間上沒有一個東西能單獨存在，我們能生存，都是因為士農工商的合作，供應我們日常所需；從小需要父母、老師教導我們，社會朋友幫助我們，國家愛護我們，可以說沒有因緣，我們就沒有辦法生存。

現在的人心，對外境的人事不滿，對自己的欲望，又不斷的提升，自以為好像這個世界所有都屬於他。其實不是，世界是大家共有的，大家是相互對待的，你敬人者，人恆敬之，你要種植才有收成。因此，社會還是要講究道德、法律，人與人相處，懂得尊重包容，和諧社會很重要。」

131 創建佛光山的理念

二〇一二年七月二十三日，大師中午用齋後於本山法堂跑香，和長老慈惠、慈容法師，及如常、妙廣、妙香法師等人談起創建佛光山的理念。

大師說：「我當初開創佛光山，可以用四句話來形容。

第一、以退為進。過去我在台北弘法，佛教界也像一個小社會，天天要開會，如果你不參與會議，就會被認為不合作，為了『合作』，每天忙著應付這些會議，忙得不像個和尚，也不曉得自己在哪裡？最後我選擇一個人隻身到南台灣弘法，這樣的以退為進，讓我體會到原來退步是向前，世界更寬廣。

第二、以無為有。一般人看到佛光山在全世界有二百多個道場都是我建的，覺得我擁有很多，事實上沒有一個道場登記在我名下；我一生也沒有存款，我以不要為有，不積聚，無形無相的世界看似無，卻能空中生妙有。

第三、以眾為我。眾很重要，要在社會、世界上生存，不能個人主義，要學習集體創作，沒有眾，在人間不能存在。

第四、以空為樂。世間的人，都要追求歡喜、快樂，這是人之常情，可是快樂在哪裡？快樂不是物質上的擁有，能以空為樂，才是真正的快樂。空，不是沒有，虛空很大，可以包容一切，懂得其中的奧妙，就算物質缺乏，仍能擁有真正的快樂。」

132 雲水書車溫暖偏鄉人心

二〇一二年七月三十一日上午，大師在本山電視中心以「雲水書車——行動圖書館」為主題，接受《遠見雜誌》記者柯曉翔先生採訪。

大師說：「雲水書車的命名，希望書車像雲一樣飄來，像水一樣流過，讓學童看到書車就歡喜、開心。讀書是每個人成長必要的資糧，讀書會讓人懂道理；人因讀書而有氣質與禮貌，受人歡迎。讀書是一種快樂的享受，人活到老，學到老，書是最好的良師益友。教導學童讀書，應該透過鼓勵，而不是處罰。」

大師又說：「書車就像是春風般，讓學童覺得溫暖和貼近人心；希望透過書車，讓偏遠之地培養讀書風氣，進一步影響其他人，這樣人才就不至於荒廢。也希望未來書車能推廣至大陸，讓更遠的學童也能廣讀天下群書；藉由讀書的力量，開發資源。」

「人生要活到老，學到老；讀書讓人學以致用，讓社會更美好。」大師如是說。

133
佛教藝術是弘法最好方式

二〇一二年十月七日晚上，大師應佛光緣美術館總部總館長如常法師禮請，於本山傳燈樓集會堂與「一期一會二〇一二年佛光緣藝術家聯誼會」二百多位藝術家座談。

大師說：「『心如工畫師，能畫種種物。』我們每一個人的心念，影響你在一天當中，是上天堂，還是下地獄。所以人間佛教，可以讓大家學習在生活中，如何讓心清淨，讓人間成為天堂。」

藝術家劉文隆請教大師：「您為何堅持經營佛光緣美術館，致力於連結藝術與佛法，且無求付出，無怨無悔？」

大師說：「世間上的生命，要靠表現，有的人雖死猶生，像是文天祥浩然正氣長存，而藝術代表一個國家的文化生命，絕對值得重視。提倡佛教藝術，當然是弘揚佛法的最好方式。」

134 成功來自因緣

二〇一二年十月二十三日上午，
大師視察日本群馬佛光山法水寺工程進度。

大師開示：「日本的佛教很興盛，其實不需要我們來這裡摻一腳；不過，這個時代是講究彩色的世界，加我們一個顏色進來，就可以多一個文化色彩。尤其是佛教，日本和中國，因緣是分不開的。由於我不會講日本話，到日本來，我就沒有辦法推動佛教。不過，我沒有想到這一切是我的，道場建在哪個地方，那個地方就是大家的。佛教講究『緣分』，你們今天來，就是我們大家的緣分，緣分就是條件，緣分條件夠了，就容易成功。」

135 佛教管錢是因果管理

二〇一二年十月二十五日晚上，本山召開「財務講習會」，大師應司庫室主任妙任法師、副主任慧讓法師禮請，於本山傳燈樓集會堂為參加研習人員開示。

大師說：

一、真正的財富不一定指金錢，一個人的道德、信用、健康、人緣也是財富，如佛教裡有七聖財、有信仰、精進、正念、智慧、慚愧都是財富。

二、正當管錢很重要，佛教是因果管理，懂得因果的人，就懂得佛法、懂得人間最奧妙的真理。這世間不論什麼事，都不能違背因果。

三、常住分配我們管錢財，是一種榮譽，要不負常住所託，一切秉公處理。一切都是常住的，公私要分明。

四、常住沒有通令，不可以私自化緣，君子愛財，取之有道。像道糧功德，從哪一天開始，到哪一天截止，若信徒遲繳，就退還不要了，因為已截止了。假如各別分院需要什麼建設，要向常住申請允許化緣，但要有時間限制。

五、管理財產的人功德無量，因為有你們，佛光山才正派、才有好的名譽。

人生在世，為團體盡一份心力，我們都在寫歷史，大家要把這個歷史寫好。

136

有平等心，才是真功德

二〇一二年十二月三日，
大師為參加佛光山萬緣水陸法會的全球二千位信徒開示說法。

大師說：「修行和不修行的人，分別在哪裡？不修行的人見境轉心，有修行的人心能轉境。我們是為水陸法會來的，不是為床鋪來的；修行不要計較各種的待遇，有無都能自在。

世間珍寶的布施很有限，法布施是沒有限量的，因為正知正見能改變一個人無限的未來。在佛教裡面，**施者、受者，功德等無差別，付出的功德多與少，都是平等的，有平等心才是真功德。**」

137 正派宗教成為社會光明

二〇一二年十二月七日，廣東省佛山市市長劉悅倫帶領單位主管一行八人到佛陀紀念館參觀，並拜會大師。

大師說：「過去的佛教是寺院的佛教，現在是佛教要走入家庭，是家庭的佛教；過去的佛教要到深山中找出家人，現在不是，人人都是佛，每一個人都應該與佛有緣。」

大師又說：「一個進步的國家，必定要有宗教，像是美國的基督教、法國的天主教，正派的宗教會成為社會的一道光明。宗教對於社會的和諧、心靈的淨化、道德的提升、維護社會的秩序等，都能產生很大的功用。」

「佛在哪裡？佛在我們心裡。我能感受到心裡有一點善意、一點光明，那就是佛。」大師如是說。

138 有佛法就有舞台

二〇一三年三月六日，住持主管會議在傳燈樓會議室召開，大師應宗委會主席心培和尚禮請，出席指導、勉勵徒眾。

大師說：「佛陀紀念館被交通部評鑑為台灣第一景點，當初興建佛陀紀念館，就是希望藉由佛陀紀念館，讓全世界都能看見台灣。現在佛館已經有此成果，從台灣立足，放眼國際，我們的努力，歷史會給予我們一個公正的評價。

佛光山過年燈會，讓民眾上山來感受到佛教的平安、祥和；現在佛陀紀念館施放煙火，讓民眾增加一個正當的休閒去處，也打開佛館的知名度，讓人嚮往，覺得過年到佛館，可以感受到喜慶的氣氛。佛光山的任何成就，都來自佛陀的加持，以及僧信四眾的齊心合力。」

「佛光山有一個規矩，宗長當選，也就是大和尚就職了，所有宗務委員，不論你輩分有多高，都要禮拜宗長，表示擁護領導中心。這是很好的叢林制度，所謂『一佛出世，千佛護持』；在佛門，職務是服務大眾的，地位只是一時的，要以法為重。只要你有佛法，日後因緣具足，就有發光發熱的舞台，讓你的人生活出『三百歲』的精采。」大師如是說。

139 佛法寰宇周

二〇一三年三月十二日上午，「佛光山第九任住持晉山陞座法會暨臨濟宗第四十九代傳法大典」，由大師主持，見證第八任住持心培和尚交接予第九任住持心保和尚，並有慧傳、慧倫、慧開、慧昭法師擔任副住持。同時傳法予台北市佛教會理事長明光法師、中華國際供佛齋僧功德會理事長淨耀法師等七十二名法子。

大師開示：「今日為你們剃度出家成為出家人，在佛門我們就是師徒；現在你們七十二位賢能來接受傳法，要知道，傳法受記是一時的，一邊弘法，一邊度眾，不忘初心，才是永久的。臨濟兒孫滿天下，我們是佛光門下，希望將人間佛教遍布五大洲，所謂『佛光菩提種，遍撒五大洲，開花結果時，佛法寰宇周』。」

大師強調：「佛光山是人間的，我們這裡不是地獄，也不是天堂，我們在人間，要把人間的佛教好好推動起來。佛光山是團隊的，不是單打獨鬥，我們結合了僧信二眾弟子，共同來發揚人間佛教。佛光山是開放的，不是一家一派，我們的行為就是整個佛教，只要是賢能的人，我們不分你我、地域，合力發揚佛光精神。佛光山是傳承的，唯有傳承，才能繼往過去，開發未來，發菩提心，弘法利生，永不退轉。」

140 禪門生活，沒有大小

二〇一三年三月二十七日晚上，大師於佛光祖庭宜興大覺寺，與全體大眾接心。

大師說：「如何建立共識？沒有個人、沒有男女、沒有地域，只有一個常住。常住是我們的目標，是我們的共識，大家要能這樣肯定。」

大師又說：「一日不作，一日不食。禪門生活，沒有大小；出普坡，所有大眾都是一樣的。典座者可以去做住持，住持不做，一樣可以去典座。禪者，上與君王同坐，下與民眾同行。我們只想為佛教、社會盡一點心，為社會服務。本山有一個特產，那就是歡喜心。如果在本山住，沒有得到歡喜，很可惜。」

141 沉睡的人兒做什麼夢？

二〇一三年六月十九日，大師用早齋時，對身邊的侍者講述今日凌晨清醒時，忽有所感。

大師說：「今天凌晨一點多就醒來，四周一片寂靜，心中自然浮現兩岸和平的問題、中華文化的復興、人間佛教的發展、佛光山的未來，不禁想問：『沉睡的人兒，你做的是什麼夢呢？』」

142 真理的條件

二〇一三年六月二十五日晚上，大師在法堂會議室，會見義守大學交換生四川大學張一帆同學。

大師說：「如果你問我，宗教很多，學術也很多，理論也很多，那我該相信什麼呢？我會說：『要相信佛教！』這並不是老王賣瓜，自賣自誇，主要是因為佛教比較圓滿，佛法合乎真理。什麼是真理？真理要具備三個條件：一、要有普遍性，具有普世的價值。二、必然性。三、平等性。

信仰，你要信仰實實在在有的，不能信仰虛無飄渺的；信仰一個有歷史的、有道德的、有能力的，所以信仰有信仰的條件，選擇正信的宗教，需要有慧眼去判斷。」

143 吃飯，也是一種修行

二〇一三年八月二十八日中午，大師應邀出席於本山舉行之「供僧法會」，計有世界各地二十六個國家地區的法師，及信眾與會。

大師開示說：「在佛門裡面吃飯有一個很偉大的意義，所謂『施者、受者，等無差別』，這兩句話，大家要衡量、思考，布施的人就是出功德的人，我們接受的人來應供，功德都是一樣的。」

大師又說：「在佛教的戒律中，供養有規矩，吃飯也是一種修行，可見佛門五堂功課，廣大無邊，深奧無比。叢林過堂，隨著鐘板聲響，僧信七眾排班列進入齋堂，而那些松鼠、麻雀鳥類等眾生，也都會來享用，法界有情，平等法施。

參加供僧法會，與諸佛菩薩聚會，與數十個國家的男女老少開啟無遮大會，與上萬人一起吃飯，是千載難逢的因緣。希望每一個信徒來到這裡都不要覺得我是客人，而是把自己當成主人，期望佛教更團結合作，讓人間佛教成為幸福、歡喜的宗教。」

144 文化的力量無遠弗屆

二〇一三年九月十四日上午，大師出席佛陀紀念館首次舉辦的「國際書展」開幕式，之後於一教塔接受媒體聯訪。

大師說：「文化的力量無遠弗屆，各位傳播人也是在傳播我們中華文化善美的理念，讓每個人心中的真善美表露，那麼我們社會一定很可愛。

法律不能完全解決人生的問題，法律之外，還有天理、人情。無論是人情到國法，都應該把心胸攤開，擴大我們的心，重視國家的利益、社會的利益、人民的幸福安樂。

佛教講『執著』要化解，如果不化解，就等於石頭一樣，它的用途就不是那麼方便。放下執著、和平最好。」

145

從講說到服務的佛教

二〇一三年十二月三日下午，大師在傳燈樓會議室，會見興業名家講壇一行二十一人。

大師說：「大家應該要為法而來，為佛光山道場而來，不要為我星雲而來。我在沙彌時期，就醞釀自己，將來我要革新佛教，我要創造人人需要的佛教，我要把佛教從山林走上社會；把佛教從寺廟走到家庭；從出家人身上轉變成在家人的佛教；要把講說的佛教轉成服務社會的佛教。

人沒有信仰，無所依歸。就好像你不相信國家，你不會為國家效力；你對家庭不信任，你就不想回家；你對朋友的各種關係都不信任，就會感到孤獨。所以，一個人要有信仰，才有世界。」

大師又說：「企業家要賺錢，賺錢不是貪，也要捨；捨得、捨得，能捨就能得。你要賺錢，就要結緣；你要跟人家說好話、有笑容、會讚美別人、為人服務，有了那個緣分，人家就來幫忙你了。」

146 建立正信要很長的時間

二〇一三年十二月十一日，聽聞馬來西亞沙巴青年利用寒假期間，回到總本山擔任義工，大師以不請之友的身分，在法堂和青年接心。

大師說：「培養信心要很長的時間，尤其是正信，大概在我們這一生百年的歲月裡面，都不一定能達成。你要有堅定的信心、不動搖的信心，最重要的讓金錢買不動我、異教徒也誘惑不動我、愛情也不能影響我、受到威脅也不恐懼，這樣才算是完成了正信的建立。」

大師也以佛教的「四攝法」，告訴青年怎樣可以攝受人：

第一、布施。布施不只是給他錢，能給對方一句好話、一個微笑，給他歡喜、方便，他會願意靠近你。

第二、愛語。也可以解釋為讚歎，你多說一點讚歎對方的好話，他也會容易親近你。

第三、利行。也就是要能幫助他人，他做事情，你能夠助他一臂之力，讓他行事順利，自然他就會被你攝受。

第四、同事。你要能把對方當做跟自己同一類的人，彼此之間友好，互為朋友，你就能夠攝受對方。

147

禪是一法攝百法

二〇一四年一月二十四日，國際佛光會中華總會全國教師禪修營在本山舉行，大師應邀為學員開示。

大師說：「禪不是佛教專有，不是釋迦牟尼佛的；禪是每個人的，也就是我們的心。禪，就像牆上懸掛了一幅字畫，氣氛會不一樣；就像桌上擺放了一盆花，感覺會不同；就像煮青菜蘿蔔，放一點鹽，就有好的味道。參禪，不是要你們學佛，不是要你們成佛；而是要你們面對自己，認識自己，找到自己。

此外，念佛是禪，拜佛是禪，打坐是禪，行住坐臥、出坡作務，都是禪。學者常把佛法拿來做比較、分析，這是錯誤的；佛法是要用來實踐在生活裡的。科學是眼見為憑，說一就是一、說二就是二；但佛法是圓融的，萬法歸一，一攝萬法。」

148 待人好的法術

二〇一四年二月十八日晚上，大師在北京威斯汀飯店，會見北京皈依信眾韓運動、趙含冰、張秋月、宋美芝、金蜀卿等人。

大師說：「在世間上，人很重要，要待人好。我沒有法術，只有待人好，自己做自己的貴人，我不要人家待我好，我要待人好。所謂『求人不如求己』，觀世音手上拿念珠，念什麼？觀世音，為什麼自己念自己？求人不如求己。待人好，前途一帆風順，所以，大家回去後，先生要讚美太太，太太要讚美先生，互相讚美，家庭就會好。」

大師又說：「生命有老病死生，我們的身體會死，但生命不死。四季有春夏秋冬，地球有成住壞空；空了不是沒有，有了空間，可以建大樓，空很好。人要活出自己來，不要跟隨外境起舞。幸福在哪裡？幸福在我們的心裡，一個人有幸福感，煩惱、痛苦都進不到我們的生活。」

149 在佛光山不必問前途

二〇一四年二月二十七日晚上，大師於本山法堂與發心出家的叢林學院女眾學部學生及青年接心。

大師說：「七十六年前的此時，有人問我：『要出家嗎？』我應答一句：『要！』兩天後，農曆二月一日就剃度出家了。但是不要輕易地出家，出家不是三年、五年，是永恆一生的。像我在出家的道路上，雖有很多美妙的奇遇，卻也遭受不少打罵的錘鍊。不過，我並不覺得辛苦，也不覺得艱難，就這麼逍遙地走過來了。因為我視它為『當然的』，委屈也好、冤枉也好，都是教育。出家的路，不論崎嶇或寬敞都要學習接受。像我剛到台灣時，雖然前途一片茫茫然，但是我未曾想過要離開佛教，在我的念頭裡，不是『明天會更好』，而是『今天會有辦法』。」

大師又說：「過去想要到寺院裡出家，必須給多少錢、請人拜託、做保證，寺院才會收留。但是佛光山不是這樣，只要你帶一樣東西來——心，其他所有的陳年舊事、恩怨情仇、好的壞的，一律放到山門外，不要帶進佛光山，也不要帶進出家的生活裡。出家是再生的人生，『過去種種譬如昨日死，未來種種好比今日生』，等於重新投胎，重新出世，重新成長，自己要對自己負責任！」

談及出家了，前途在哪裡？大師說：「這個問題問得不對。出家不就是前途嗎？你已經找到前途，就在這個前途上努力就好了。弘揚佛法，普度眾生，安住身心，修習道業，廣結善緣，慈悲喜捨，每天快快樂樂的、簡簡單單的，這就是佛教的生活。在佛光山不必問前途，前途已經在眼前。你們的前途在全世界，全世界都需要大家，不怕沒有前途。有智慧的，做計畫、寫文章；有口才的，講經說法；心地好的，做慈善事業，為人服務。『天生我材必有用』，你要肯得用自己。世界上偉大的人物，他們之所以偉大，並不是受哪一個人賜給，都是靠他們自己創造的。出家最重要的是『人和』，與師兄弟相處要和平、要忍耐。忍耐是我們的力量，忍耐是我們的功夫。」

「大家發心做本山的弟子，大家就是本山的骨肉、血脈。我為佛教，就是為你們，大家也要一師一道。」大師如是勉勵新發心菩薩。

150 佛祖是人做的

二〇一四年三月七日，大師於傳燈樓集會堂為全山大眾開示。

大師說：「世間上，人最寶貴，各行各業如果沒有人，一切都不能成；所以，人對我們太重要了，得人者昌。佛教講，人是十法界的樞紐，成佛由人，墮地獄也由人；成好事、做壞事，給人歡喜、給人討厭，都是由人來決定。做人不成，還想做什麼佛、菩薩呢？學習做人，不是一時、一天，是一世的；生命、信仰、真理也都是以人為本，本立而道生，把人格、道德圓滿，才能晉升到聖賢的階位。」

「我們推動『人間佛教』，就是要重視人。如同太虛大師所說：『人成即佛成。』把人做好，就成佛了。」大師如是闡述從人學到佛道的修行之路。

151 天下的威儀就在此中

二〇一四年三月十日下午，
大師於本山雲居樓二樓為叢林學院師生授課，指導「學佛行儀」。

大師說：「我沒有學過學佛行儀，初入道時，稍有不如法，老師一巴掌就打來，一腳就踢過來，迫使你不得不注意學佛行儀。出家人與世俗人不同，世俗人生活怎麼隨便，畢竟他是在家人；但是你修道了，稍有不如法，人家就說『你是出家人』。在家人說我們如何如何，看起來好像我們很吃虧，其實不是，表示我們比他們好，應該給他們要求。

在我十七、八歲的時候，每當老和尚要會客、出差、做事，需要一位侍者，大部分都會選擇我。為什麼？他們認為我的威儀，合他們的意。過去倓虛老和尚發願在青島要建湛山寺，一位信徒看到他拈香動作優美，深受感動，歎道：『天下的威儀，就在此中。』從此，發心捐建湛山寺。你能說威儀不重要嗎？像過堂吃飯，大家不要嫌路遠辛苦，各路依序進入齋堂，是可以感動十方的。

何況戒律裡說，三十里路不去應供，就是『懶比丘』！」

接著大師就「行、立、坐、臥」的威儀，指導：

一、排班走路，鼻梁對著前者的袈裟中線，隊伍就會筆直。走路要挺胸，縮小腹，眼觀鼻，鼻觀心，轉彎抹角不用看，高低長短都知道，心就能與環境相應。走路時，肩膀要平，身體不動，不必亂看，若是必須看，就看一下，不要斜視。班首走路，一開始要慢，後面才跟得上。行進間，腳要抬起來，不拖步。

二、戒會期間，不只是戒子一排一排地排好，引禮師也不能隨意亂站。站立排班時，要與左右保持一定距離。

三、在齋堂裡，拉凳子要離地抬起，不可以有聲音。坐半座，腰才會挺直。

四、開會時，不要坐得離講者很遠，會讓人有種種誤會，以為你不服，你古怪，你不歡喜他講話。或許他嘴上不說，心頭已經對你起了問號。如果你在他的門下參學，是會吃虧的，「光棍不吃眼前虧」，你又何必古怪地坐到最後呢？

五、男女眾同車，要三個人以上，一男一女不可以單獨在一起。男女眾之間不要有東西的來往，不要建立私人來往，否則久了會出問題，年輕者尤要守本分，因為寺廟顧忌私情私愛。你愛大眾，對大眾好，就沒有事。

152

感謝佛恩的人生

二〇一四年四月十七日晚上，大師在佛陀紀念館大覺堂，召集全山大眾發表預立的遺囑，並且為大眾開示。

大師說：「我的遺囑好多年前就寫好了，本來也想早一點發表，但是現在我年老了，有什麼風吹草動，都會引起人的議論，也就遲遲沒有發表。我想今天大家很難得聚會，我就請妙廣法師把遺囑念給你們聽，聽我對你們有什麼想法、有什麼交代，從遺囑裡看我的心。

我不會給你們一片土地、錢財，只有佛法，唯有佛法才有生存世間的活路。我童年的時候，三餐不繼，但是覺得很富有，為什麼？因為對未來有希望。現在我老了，什麼都有，卻感到『貧窮』，為什麼？因為我所有的一切，都是大家的，與我個人並沒有關係。」

大師又說：「人生沒有什麼好計較，『空無』的人生才真正是『擁有』的人生。我今年八十八歲，可能活到一百歲也說不定，當然，也可能活到八十八歲，生命就結束了；這都不要緊，人生長短都一樣，有佛法最重要。我對生死看得很淡，生又如何？死又何妨？來也未曾來，去也未曾去，都是一樣的。最重要的，人要有感恩心，尤其要感謝佛恩；感謝佛恩的人生真好！話雖淺白，希望大家各有體會，自有受用。」

153 人生佛教與人間佛教

二〇一四年五月十八日上午，大師於佛陀紀念館為佛光大學大陸籍交換生三十八人開示。

大師首先提問：「這世界上，走路走最遠的有幾種人？」接著又說：「一是軍人，出征異域；二是商人，到處買賣；三是探險家，找尋新大陸；四是出家人，雲遊參學，以十方世界為家。但是世界改變了，現在走路走得最遠的是學生，所謂『讀萬卷書，行萬里路』，世界任何一個地方都能到達。」

有同學問：「人生佛教與人間佛教有何不同？」

大師說：「人生佛教，『人生』講的是人，先要把人的問題解決；『人間』就不是了，人間除了人以外，還包含豬馬牛羊、山河大地、樹木花草等等。所以，我們倡導的『人間佛教』，從生命上講，包含一切；從事物上講，包括一切；從空間上講，包括一切處；從時間上講，也包括無限。『人間』很廣，甚至於天堂、地獄也在人間。」

有同學請教大師是如何成功的？大師說：「我如果有錢、有地位，就不能做這麼多事；因為我沒有，我是眾中的一個，必須跟大家合作，所以人就來了，人就多了。所謂『眾緣所成』，做人做事要依靠大眾，就像沒有農夫種田，哪有飯吃？沒有工人織布，哪有衣服穿？沒有人開車，想到哪裡都很困難。所以，舉世的人都與我們有關係。」

有同學問：「如何知道自己的目標在哪裡？」

大師說：「功名富貴，是過眼雲煙；金銀財富，時而來時而去；愛情，不是不好，會變化，不持久。《金剛經》說：『不住色聲香味觸法』，色聲香味觸法六塵會變化，所以要把自己安住在真理裡面，看似沒有安住處，實際上就住在無邊、無相、無量裡。」

154 「八宗兼弘」的理念

二〇一四年五月二十日上午，大師於本山電視中心攝影棚，接受上海外語頻道主持人陳蕾小姐採訪。

提問：「當年什麼機緣，讓您選擇到高雄建設佛光山？」

大師說：「幾十年前，南部比較落後、窮苦，沒有人注意。我就想到佛教應該要到這種沒有人想要到的地方。」

提問：「您提出『八宗兼弘』的理念時，有遭受到什麼壓力嗎？」

大師說：「頂多是社會政治的壓力，不過我們堂堂正正的和尚，也不去計較。壓力是增上緣，能給我們力量，讓我們更奮鬥、更勇敢。」

提問：「『八宗兼弘』的理念是怎麼想到的？」

大師說：「有的人歡喜參禪，有的人歡喜念佛，也有的人歡喜研究天台、賢首，都可以，不必分彼此。等於你歡喜穿紅色衣服，他歡喜穿藍色衣服，漂亮就好；你歡喜吃這道菜、他歡喜吃那道菜，各取所需。所謂『同中存異，異中求同』，八個宗派雖有不同，但佛祖都是同一個。」

提問：「您覺得『五和』（自心和悅、家庭和順、人我和敬、社會和諧、世界和平）可以改變世界嗎？」

大師說：「人都有向善之心，只要大家重視『五和』，努力實踐，和平不為難也。」

提問：「您認為真正的財富是什麼？」

大師說：「財富不一定是金錢、土地、有價證券，健康、人緣、智慧、慈悲、信仰都是用不了的財富。」

提問：「佛教怎麼不一直延續傳統呢？」

大師說：「宗教是要改善人類生活的，所以現代化是佛教必然的趨勢。」

155 和諧共存的世界夢

二〇一四年六月十八日下午，大師應邀於上海國際會議中心華夏廳與太湖世界文化論壇主席嚴昭柱、法國前總理多米尼克・德維爾潘、布達佩斯俱樂部創始人歐文・拉茲洛、中華文化學院第一副院長葉小文，針對「和諧共存的世界夢」主題作高端對話。

大師表示：

一、「緣起性空」這四個字，解決世界的問題很有用，因為宇宙世間沒有單獨存在的事物，只有一個國家、一個團體，不能存在，必定要和其他國家、團體團結友好。

二、在這個世界上，有一些人好鬥，那沒有好處，最後得利的人一定是和平的人、善良的人。

三、世間的一切，不必要人家都跟我一樣，就是有些許不同，只要大家無爭，就能共同存在。

四、無我，不是說自殺了、沒有我了，而是說我這個人不一定要做老大，不一定要以我為準；而是我以大家為準，我以宇宙所有的人為尊貴。大家都尊貴，還會有什麼要鬥爭的呢？

156 心永遠跟隨我們流轉

二〇一四年七月二十七日晚上，上海喜來登飯店負責人高超小姐來山向大師請法。

大師為客人講說《心經》要義。

大師說：「世間上有很多東西，只有一樣才是永遠跟隨自己的，那就是心。縱使將來身體沒有了，心還會再來，如種子一樣，會再生長。在宇宙之間，我們看到什麼東西生長了、毀壞了，實際上那是假相，在真理裡面，量上，它是不增不減的；相上，它是不生不滅、不垢不淨的；在體質上，它是沒有好和壞、善和惡的。

『揭諦揭諦，波羅揭諦，波羅僧揭諦，菩提薩婆訶。』白話的意思就是：大家快一點覺悟吧！大家快一點放下吧！大家快一點提起吧！如果你可以做到能放能收、能給能有，能超越，就可以『薩婆訶』，就可以完成自己了。」

157
佛光山的管理法

二〇一四年九月四日上午，大師在本山法堂接受香港《亞洲週刊》前資深特派員紀碩鳴採訪「佛光山的管理法」。

大師說：「在佛光山，大家是平等的，沒有差距、對立、高低，吃的、用的都平等，對於長老、主管，人人也都知道要給予擁護。自覺很重要，能自己感覺到應該這樣做，就會心甘情願；相反的，要人家叫，不一定會服氣。在佛光山，要求特權的人，不容易生存，要有『我在眾中』的認知，才能與大眾融和。

『民主選舉』在佛光山已經沒有異議，成為習慣了。台灣的『民主』還沒有成為習慣，所以大家都有各自要求的『民主』，認為自己大就是民主、自己好就是民主。事實上，民主不是我的，民主是共有的。

佛光山和企業團體的管理不一樣，不要人家替我們建多少寺廟、賺多少錢財，我們要的是規矩、道德、服務。」

158

傳承才能燈燈相映

二〇一四年九月二十三日下午，大師於佛光祖庭宜興大覺寺，接受中央電視台中文國際頻道（CCTV-4）編導張冬華、中國老齡事業發展基金會常務副主任崔亞楠等一行五人採訪。

大師說：「孝，是中華文化的倫理。不但家庭要靠孝道來維持家庭的和順，社會也需要孝道來維持社會的平安和諧。『上慈下孝』，年長者要慈愛年輕人，年輕人需要長輩提攜，甚至需要長輩交棒。交棒也是為年輕人找出路，傳承才能燈燈相映，代代相傳不息。在這個社會，老人要重視小輩，小輩要尊敬老人，能有這種善美的循環，社會就會好。」

159 慈悲、無我讓世界和平

二〇一四年十一月十四日，台大政治學系張亞中教授、廈門學者劉國深等一行十九人到佛光祖庭宜興大覺寺參訪，並拜會大師。

大師說：「唯有和平，才是人民的幸福。古代戰爭是落伍的思想，所謂『一將功成萬骨枯』，死了那麼多人，划不來。這個世界是共有的，不可以侵犯他人的生命、財產、身體。

二次世界大戰時，美國總統羅斯福問太虛大師：『如何才能世界和平？』太虛大師說：『慈悲、無我。』慈悲就是愛、對人好、不傷害人，慈悲就沒有敵人。」

160 信願行，修道三資糧

二〇一五年一月十七日，
大師抵菲律賓萬年寺，與大眾接心開示。

大師說：「信教是信仰自己的心、自己的道德、人格，信仰要看自己的道行，不要跟人比較。人為了要生存、要生命、要生活，必須有食糧，要吃飯，才能維持生命；而維持精神慧命的食糧，有三個條件，大家應該要知道：

第一是信仰，信仰的重要，跟生命存在一樣重要。

第二是立志發願，佛陀苦行六年，志在悟道；歷代的高僧大德，因為有度眾的宏願，才成就無上正等正覺。

第三要有密行的修行，個人每天要有自我的修持時間，藉此沉澱、反省自心。在佛教裡，幫助我們修行的三種心靈的食糧，就是『信願行』。」大師以「信願行」修道三資糧，勉勵大眾要精進辦道。

161
善惡業力能否功過相抵？

二〇一五年二月二十八日，一名來自上海的王同學是獨自旅澳的青年留學生，聽聞南天寺舉行二十週年慶祝活動，他和朋友相約前往擔任義工。剛好在蓮花池旁遇見了巡山跑香的大師，於是把握機會向大師提出對於佛法上的疑問。

問：「大師，人的一生都有善惡的行為，都會有所謂的果報，究竟這些善業惡業的果報是分開的，還是可以功過相抵的呢？」

大師回答：「佛教的業障必定是能功過相抵的。舉一個例子，比方說我在一杯水裡，放了一把鹽給你喝，你一喝，即刻說：『唉呀，好鹹喔！』因為一杯水，承受不了那許多鹽巴，這鹽巴就等同罪業，因為功德水太少，罪業太強，只能有鹹苦的滋味。但假如我是一缸水，你加了一把鹽，味道還是很平淡，因為功德法水很多、很大，你的業障在這裡面，就是小小的而已。」

大師又說：「業障這個東西啊，有人說是殺人償命，打死蚊子將來要變蚊子，打死老鼠將來會變老鼠，於是有人說，那麼我就殺人，我下輩子就變人啦。這是邪見！不論你殺什麼，殺就是破壞、就是侵犯他人、就是犯戒。你侵犯別人的生命財產自由，就造了罪業，這個罪業，也有輕重的標準，並不是說打死蚊子變蚊子，打死螞蟻就是做螞蟻。」

大師接著進一步說：「像現在的殺人犯罪，有蓄意殺人、過失殺人、無意殺人……這些罪業，有輕有重；所以，佛教戒律當中，也有各種情況之下的不同結果。有的『將功折罪』、有的『懺悔滅罪』、有的『做善事來贖罪』……總之，這功過相抵要得法，等於洗衣服、洗地板要有清潔劑、要有肥皂。比如說桌上灰塵多，我拿雞毛撢子來撢，這張桌子撢乾淨了，但是灰塵又飛到另一張桌子了，只等於替灰塵搬家，功過怎麼能相抵呢？所以，罪業應該徹底消除。」

最後，大師總結說：「如何徹底消除呢？我用抹布擦拭灰塵後，擺到水裡面清洗過，如此重複幾次，最後這些灰塵就沉澱到水裡面，當我傾倒水桶時，它就隨著水流走了。同時因為剛剛的水分，我居住環境的空氣變得清新，又不一樣了。所以，方法很重要。」

臨別之際，大師還不忘叮囑勉勵：「消業滅罪，淨化身心，讓自己的道德人格昇華，一定會減少業障的。」

162 吃普茶

二〇一五年三月八日、九日，大師出席於如來殿大會堂舉行的「新春普茶」，為全台各地徒眾開示。

大師說：「我這個人，只要是認為應該參加的事情，不管什麼時候都一定會出席，不會缺席。

在我的理念裡，要讓佛光山窮才會平安。自古以來，佛教多次災難，都是因為富可敵國而遭皇帝嫉妒。所以，大家不要想增加財富，要隨緣隨喜。佛教講『樂捐』，就是要大家歡喜而捐。例如，人家捐三百塊，你不能說，再加二百塊吧！唐三藏玄奘大師兩句話，『言無名利，行絕虛浮』，大家要記住！我們辦大學就是要讓佛光山窮！辦大學、電視台、報紙，都是無底深坑，但是把錢用了，我們就會太平。再說，佛教要發展，確實也需要電視台、報紙、大學。」

大師又說：「過去叢林寺院每年都有機會吃普茶。茶，是一種很普遍的東西，不是很值錢，所以我們到別人家裡做客，不管主人有沒有錢，他都能請我們吃茶。佛門裡有所謂『茶禪』，禪跟茶也一樣，沒有什麼拘束，山林水邊就可以坐禪，但是要透過禪來開悟就不簡單了。

吃普茶，『茶』再加上一個『普』字，有什麼意義？普世認同的意思。普就是普通，到處都可以通行；普就是普遍，到處都可以存在。佛教『吃普茶』，讓我們從心性改起，有普世平等的意義。所謂『佛觀一粒米，大如須彌山』，一茶一飯，來處不易，你要以難遭難遇、報恩報德的想法來吃普茶。」

163 如何才能達到世界和平？

二〇一五年三月十六日，義大利 SYDONIA PRODUCTION 電視製作公司，為拍攝一系列世界宗教信仰紀錄片，想要深入了解佛教文化，特地採訪大師。

記者問：「要如何才能達到世界和平？」

大師答道：「世界和平是有次第的，先要求自己。第一、自己內心要和悅，自己的心要歡喜、安樂、沉靜、友愛所有的人。第二、家庭要和順，家庭如果不和樂，世界要怎麼樣和平呢？第三、要人我和敬，大家要包容、要尊重，做到社會和諧，士農工商都相互尊重、然後就能達到世界和平了。」

大師又說：「世界和平，以佛教的義理來說，第一要建立『無我』的思想，有我是自私的，無我是知足的，彼此分享『無我』裡面的歡喜快樂。無我就是大我，無我又叫無私，無私一切能平等、公平、正義，世界就會和平。第二要有『慈悲』的胸懷，願意為所有眾生拔除痛苦，帶來快樂，那麼慈悲沒有對立，世界就沒有仇敵，戰爭必然止息。人人能奉行無我、慈悲，世界不就和平了嗎？」

164 佛教最大的挑戰？

二〇一五年三月十六日上午，義大利 SYDONIA PRODUCTION 電視製作公司團隊採訪大師後，團員們把握因緣，請大師解疑釋惑。

問：「全球有那麼多的宗教，為什麼還有那麼多的戰爭呢？」

大師說：「假如這個世界上沒有宗教，那就更加地不得了。這個世界是一半一半的，善美一半，罪惡一半；天堂一半，地獄一半；好人一半，壞人一半；男人一半，女人一半；白天一半，夜晚一半。在一半一半的世界裡，要求每一個人統統都像聖賢一樣是不可能的。所以，只有好人的這一半努力為社會服務，讓壞人的這一半受感化。」

團員再問：「目前佛教最大的挑戰是什麼？」

大師說：「現在世界最大的挑戰就是人類的欲望，尤其年輕人，在他的觀念裡，不像過去追求聖賢之道、追求宗教解脫的方法，都是要享受現前的欲樂。欲樂使人墮落、使人沉淪、使人迷惑，讓人找不到真正的人生方向，以至於自私自利、自我執著、自我受苦。因此，人類要想追求幸福，不管信仰什麼宗教都比不信仰的人要好得很多。」

一團員問大師：「什麼是愛？」

大師說：「佛教講『慈悲』，慈悲就是愛。慈，是給人快樂；悲，是拔除人的痛苦。救苦救難、增進人的幸福，就是慈悲、就是愛。愛是奉獻，不是自私、不是占有，是要寬大胸懷，把自己的幸福、歡喜與世界所有人共享，這才是信仰的意義。」

165 四眾弟子要共同發展佛教

二〇一五年七月六日下午，大師應邀於本山傳燈樓會議室為「佛光會教育人才發展座談會」之檀教師、檀講師、區協會副會長、全台十八個教師分會代表等一二〇人開示。

大師說：「對於未來，我們需要具備的條件是什麼？第一是信仰。信仰必定是一師一道，『我信仰本師釋迦牟尼佛』、『我信仰人間佛教』，這是不能改變的。你有信仰，才有力量。信仰不容許你走樣、不容許你分歧。信仰也表示一個人的人格操守，如同男女婚嫁，要從一而終。

未來的佛教，不能只讓出家人撐持。在家眾不能光是護持、幫忙，而不做主幹，即使是大樹，也有不同品種，如松樹、桃花心木、榕樹、樟樹等，佛教也一樣，需要由各種人等來做主幹。

四眾弟子要共同發展佛教，不必說是你的、他的、我的。佛教是真理，是公有的，是天下一切眾生的，是佛祖的。因此，我們參與到這個團體裡，不能只知其一，不知其二。你們都是重要幹部，要提出很多具體辦法來承擔佛教未來的責任。

佛光山的社會事業要交由你們在家眾來辦。無論是辦大學、報紙、電視台、滴水坊或文化出版，或許你說我們不是專家，怎麼會做這許多事？沒關係！哪一個是專家呢？一切都是講究發心、做中學、要悟道、肯承擔。另外大家在『傳道協會』服務，如果只講究發心，不拿薪水，那是不能長久的。薪水制度是責任。」

166

空無之家

二〇一五年七月十六日晚上，大師應邀於本山如來殿大會堂，為「短期出家修道會」近七百位戒子開示。

大師說：「魚蝦悠遊海洋，鳥獸棲息山林，昆蟲深藏泥土，而一般人都是住在欲望裡，例如：在你們的生活裡，哪一天能少了衣食住行？能少了人我關係？能少了多少愛情？如果少了，你就覺得不能安住了。但是物質生活不時地在變化，住在其中，必然是不能滿足、不能安全、不能快樂。出家了，則要住於空無。實在說，住在空無的生活裡，才是真正的擴大；在虛空裡，什麼都有。」

談到「空無」兩個字，大師說：「你如果懂得運用，人生就會如虛空一樣無限無量無邊。像你們到佛光山來參加短期出家，佛光山就是你們的靈山，即使回到家裡，家庭也是你們的靈山。虛空之大，大家真能體悟『空無』，那麼哪裡不是我們的道場呢？」

167 小小戒可捨

二〇一五年十月十九日中午，大師於佛光祖庭宜興大覺寺，為南華大學林聰明校長佛法釋疑。

大師說：「談到佛教的戒律，人間佛教是從人性、人心開始，講究心戒。例如，有的人說：『我吃素、吃素。』但他天天都想吃肉。這不犯戒嗎？有的人出家，天天貪財好利，嘴巴卻講『修行、修行』，那都是與法不能相應。

我訂的〈佛光人工作信條〉：給人信心、給人歡喜、給人希望、給人方便。其中本來不是要叫『給人方便』，而是『給人服務』，因為『服務』較容易懂，『方便』不容易懂。其實以懂佛法的人來說，『方便』是有標準的，清淨的、合法的、合理的、合情的、人性的、人道的，就是佛法。

我們倡導人間佛教，也就是以人為本的佛教。佛教既是以人為本，你要講究慈悲、道德、正派、正見、利人、布施。關於許多細小的事情，佛教有一句話說：『小小戒可捨！』」

168 平安幸福到五洲

二〇一五年十月二十日，大師於佛光祖庭宜興大覺寺，接受鳳凰網河北總編輯王旭輝採訪。

提問：「雖然佛首合一，成為海峽兩岸關注的焦點，但眾多網友都在討論，是把佛放在幽居寺，還是放在國家文物局？您是否可以指點我們？」

大師說：「佛像回到河北，是放博物館還是幽居寺，這不是我決定的，我只想把他送回中國。安放到博物館受保護，讓人瞻仰，觀看美感，能淨化身心；供奉在幽居寺，回歸寺院，讓人頂禮膜拜，能增加信仰，安定身心，都是好事。在二好之間，就請河北省的領導們和佛教界決定。」

提問：「我第一次來到宜興，看到您在銅像前題了一首詩，後面二句話是：『問我一生何所求，平安幸福到五洲。』能否為我們講說含義？」

大師說：「感謝宜興的水米滋養我，世界上的善緣成就我，我也要回饋這個世界。我從小在叢林裡出家、生活，養成以無為有的性格，什麼都不要，衣服一穿一、二十年，吃飯也是跟隨大眾的飯菜，縱有一些小毛病，也是與病為友。現在所想的，就只有希望幸福平安能與全世界的人共同享受。」

提問：「怎樣做才能實現人間佛教的理念，讓大眾感受到真正的佛教離我們不遠？」

大師說：「人間佛教主要是說，佛陀是人，不是神。神有賞賜、有權威，而佛陀跟人一樣，如老師教我們怎麼做人，不會賞賜我們什麼。我們皈信佛陀，應該對國家社會貢獻，而不是在佛教裡貪求平安、求幸福，要佛祖保護我。」

169 佛佛道同，光光無礙！

二〇一五年十二月二十四日晚上，大師於佛陀紀念館五觀堂，為參加十二月二十五日「世界神明聯誼會」來自大陸、馬來西亞、香港、菲律賓等地的宮廟代表開示。

大師說：

在這麼多的神明當中，哪一個最大？在我們每一個人的心裡，每一位神明都是最大的。

過去在叢林做晚課，都會念一段經文：「十方三世佛，阿彌陀第一。」我很疑惑，阿彌陀佛第一，那釋迦牟尼佛第二、消災延壽藥師佛第三嗎？後來才知道，原來這個地方是阿彌陀佛的，就說阿彌陀佛第一；到了釋迦牟尼佛的地方，就說釋迦牟尼佛第一；到了藥師佛的地方，當然就是藥師佛第一。

所謂「佛佛道同，光光無礙」，當燈光亮起時，無論是一盞、十盞或百盞，光和光之間都沒有障礙。現在所有神明到佛光山來，也沒有大小之分。不要說神明沒有大小，各位嘉賓來，也沒有分別，統統都是第一，在佛光山，所有出家眾、在家眾，男眾、女眾都是第一，沒有第二。信仰就是第一。

大家在一起，沒有大小、高低的分別。當然，廟有大有小，但是神明的威德沒有大小，都是我心中的第一。佛光山不是奧林匹克比賽的體育場，我們不比賽，我們沒有第一，我們只有和平，我們是平等的，我們都一樣。今後不要有誰大誰小的觀念，統統都一樣。

為什麼觀世音要念「觀世音」？求人不如求己。所以，我們對神明、諸佛菩薩求富貴、求平安，最重要的是要合乎因果關係。你要想求神明保佑家庭平安、事業順利、長壽，問題是你的福德因緣如何呢？要有因，才會有結果。

所有的佛祖、神明都不要你信仰，但你能不信仰你自己嗎？你對自己都沒有信心，還能做人嗎？佛祖、神明可以不信，但對自己要相信。

今日世界需要和平、需要幸福、需要安樂，所以我們的宗教聯誼會是非常重要的。

170 跳探戈的進退之道

二〇一六年二月二十九日上午，大師在北京光中文教館，會見為佛陀紀念館、佛光祖庭大覺寺白塔完成照明工程的西安萬科時代系統集成工程公司總經理劉劍宏等企業家一行二十餘人。

大師說：「婆媳相處如跳探戈，有時候我向前，你退讓；有時候你向前，我退讓。大家都退讓一點，就不會鬥爭，不會對立，就會和好。我倡導的人間佛教，重視人間家庭的和諧。比方夫妻相處，你要想到『難遭難遇』，天下的男人、女人那麼多，怎麼就只有我們兩個在一起？不容易啊！如果你能這麼想，你就會好好待他；你好好待他，他也就會好好待你，感情就不會壞了。夫妻是這樣想，朋友、同事，甚至遇到的每個有緣人，你能感覺是『難遭難遇』的稀有珍貴，紛爭自然就不會發生了。」

171 培養人才

二〇一六年三月十一日下午，大師於本山法堂，與心保和尚談到佛光山未來發展。

大師說：「培養人才的方式，一是自我訓練，自求進步，自求成長，自求如何進入核心。二是培養與人間佛教同事、同行，願意共同努力，願意與佛光山合流的人才，老一輩的可以選擇幾個人做代表，但最重要的還是在培養新一代。在佛光山信徒和佛光會員中，我們也要經常做挑選。哪些人可以給予提升？哪些人可以讓他和我們更靠近、更接觸、更進入核心？不要老是希望他們布施錢財，現在佛光山也需要能出智慧、出能量的人。比方他能到國際上走動，講說、開會、代表常住發言等。」

172 普世的人間佛教

二〇一六年三月十三日下午，大師應邀出席國際佛光會中華總會於雲居樓六樓舉行的「第九屆第二次理監事暨督導長聯席會議」。

大師為大眾開示：

我為你們能信仰佛教，尤其是信仰人間佛教，甚至參加佛光會，感到慶幸，因為我們是提倡歡喜、快樂的。中國人很可憐，信仰受迷信影響，而為神權操縱，人不像人，都在鬼神的掌握之中。

釋迦牟尼佛在哪裡？大家會說：「在我們的心裡。」你不妨檢查一下自己的心，是不是被瞋恨、貪欲、嫉妒、愚癡、無明、自私占據了？如此，佛陀能在你心裡嗎？會跟你在一起嗎？這是不可能的。

很遺憾，佛教傳教的人，都是從消極上去講說佛法，不從積極上說人生要歡喜快樂，要離苦得樂，要轉迷為悟，要轉黑暗為光明，以致讓人誤會佛教。現在的佛教是「半個佛教」。為什麼？本來佛教是全面的、是普世的，講到「世界」，就說「三千大千世界」；講到什麼，也都說無相、無窮、無盡、無量。但是現在的佛教，出家人是師父，在家人卻只能做弟子，甚至男眾為尊，女眾為卑。

人間佛教不只是佛光山的、佛光會的、佛光人的、佛光有緣人的，這還不夠，我們要讓人間佛教成為普世共有的佛教。

173 這個世界就是一座博物館

二〇一六年四月十三日上午，大師出席於佛陀紀念館舉行的「兩岸博物館新能量價值論壇」由湖北省博物館及佛光山佛陀紀念館共同主辦。

大師說：「這個世界就是一座博物館。釋迦牟尼佛說三千大千世界，每一個世界都有種種不同，但他又有一句話，叫做『不捨一法』，每一樣東西都很寶貴，不可以捨棄，可見得他對文物的愛護。佛教不只是宗教，它還具備文化的功能。

佛教的大叢林可以說就是一座博物館，過去在大陸好多的寺廟裡，都收藏很多的古董、寶物。也不只在寺廟，其他如敦煌、雲岡、龍門、大足、寶頂、麥積山的繪畫、石刻、寫經等等，這是千年的藝術寶物，都代表價值非凡的中華文化歷史。

千年以上的民間建築物可能不多，但千年以上的佛教寺院建築還是不少。為什麼呢？因為佛教徒有信仰，對文物的收藏、保護也願意奉獻。」

「任何東西的生命都是有限的，但文化的生命是無限的，借助一些文物的交流，創造人間的真善美，創造人間的和平、和諧、和樂。一件文物能呈現歷史，更能帶來全世界的和諧。」大師為大眾述說文物的無限價值。

174

兼善天下不獨善其身

二〇一六年五月十三日上午，大師於紫竹林接受遠見・天下文化事業群創辦人高希均教授、發行人王力行女士採訪。

大師說：「一般人對佛教有一個錯誤的看法，認為佛教沒有人情味、沒有愛心；但我覺得不是，佛陀到人間來，是要『示教利喜』，開示眾生找到幸福快樂的，他是愛人間的佛陀。

大家最好奇我的管理學，其實這五、六十年來，我認為最高的管理學是『不管理』，將事情交代給人，就讓他自由發展，你給他空間、給他情義、給他尊重，他就會為你效力。尊重比金錢待遇還要重要。」

「佛教慈悲而不霸道，佛教積極而不消極，佛教服務而不自私，佛教兼善天下而不獨善其身。佛教的菩薩道，與世俗講求成敗不同；它從自覺覺人、自度度他、自利利人，在自他之間創造雙贏、歡喜的結果。」大師細說佛教包容、無私、利人的特質。

175 修補這顆心

二〇一六年六月十四日晚上，大師於傳燈樓會議室，為男眾徒眾及叢林學院男眾學部學生等八十二人，講說撰寫佛光山別分院的歷史。

大師說：「我一直主張，我們要把智慧留給人類，把功德留給信徒，把成就留給常住，把歷史留給我們。這一次讓你們來寫佛光山五十年在世界建設的別分院歷史，就是要讓你們寫歷史。只要你肯寫，就會是歷史。人生的價值、意義，就看你在這個歷史的長河裡，投入、付出了多少？我們寫這樣的歷史文章，就如同過去寺院刻的碑記、傳法規章、制度，現在看似不重要，但未來將成為歷史。就像鹿港龍山寺，牆壁上的一塊磚頭，寫著某某人捐獻多少錢，連歷史專家都在對它做研究。你們要立志寫出寺院的清貧樸素，寫出艱困創業的歷史內涵。」

「桌子壞了要送修，衣服壞了要修補，人有缺點也要修心，但我們有修嗎？還是放任有漏的習氣，努力掩飾，不肯修補？修行即是修心，自覺有毛病，願意補救的人，才能得救。」最後大師以「修補我們這顆心」勉勵男眾，要學習看到自己的毛病。

176 我這一生都是講人生哲學

二〇一六年六月十七日上午，「三好校園成果分享暨交流會」於佛陀紀念館舉行，大師應邀為一五〇所學校二百多位校長、教師講話。

大師說：「親子關係、師生關係，甚至人和人之間的關係，要想不對立，必定要溝通，人與人能溝通了，人與事物還不能溝通嗎？人與錢財還不能溝通嗎？人與大自然還不能溝通嗎？溝通的人間社會非常可愛。

我這一生是不傳教的，都是講人生哲學，因為信仰並不是靠我們來勸、來傳的，那是個人自由。但是我不能不做好人，不能不想我們的社會、我們的國家更好。因此，就有了這麼一個三好校園活動。

台灣有幾千所學校，將來如果統統都能成為三好校園，就會有三好家庭、三好社會、三好台灣、三好國家，這是必然的。承蒙各位校長肯得來參與『三好運動』，這是救國救民、大慈大悲的工作。」

177 人間佛教是覺悟的教育

二〇一六年六月二十八日下午，大師在佛光祖庭宜興大覺寺，為參加「碩博士人間佛教座談會」的研究生及「第二十一期大覺文化培訓班」學員開示。

大師說：「我一生沒有想要擁有一樣東西，對於衣食住行所需，從來沒有計較過；面對一些委屈苦難、不公不平，也覺得正常，認為這就是世間，這就是人生，這就是歲月。

佛門與一般宗教不一樣，一般宗教都是叫你要信，甚至說『信就能得救』；但佛教不然，他叫你要疑惑，所謂『小疑小悟，大疑大悟，不疑不悟』。

其他宗教把人生看成是直線的，從生到死就沒有了；但佛教把人生看成是圓形的，如同時辰鐘，從一走到十二，又會再回頭，生命是不死的。」

「『人間佛教』這四個字，『佛』有覺悟的意思，因此，『人間覺悟的教育』就是人間佛教。」大師再一次精闢的詮釋了「人間佛教」的要義。

178

提升心靈八個方向

二〇一六年七月十二日晚間，大師在如來殿大會堂，為參加「國際佛光青年會議」與「歐美禪學營」的學員，以及叢林學院學生和佛光小姐接心、開示。

大師針對如何提升個人心靈與信仰層次，提供八個方向：

一、要做一個雕刻藝術家。古之聖賢要歷經十年寒窗，才能金榜題名；苦是增上、學習、營養，吃得苦中苦，方為人上人。

二、要做一個治病醫學家。疾病可訓練剛毅的意志、奮發的精神，不要被小病小痛打倒，要奮起精神，與病為友，做為增加自己的力量。

三、要做一個心理改造家。不要看外面，要看自己的內心，若充滿貪欲、瞋恨、愚癡、嫉妒，佛祖、聖賢也不會住在內心裡；應以布施、柔和、智慧、尊重，做為自己的心理醫生，如此隨處都可安身立命。

四、要做一個貴人慈善家。想要富有，需要條件、因緣。人世間，能幫助我們的，只有自己；做自己的貴人，比求貴人更重要。

五、要做一個農業生產家。世間沒有不勞而獲的事，佛教重視因果；因果絲毫不爽，對信仰、因果，不能有不合理的要求。

六、要做一個社會五和家。在複雜中要單純，在差別中要平等，在萬緒中要統一；遇到不公不義，不要太介意，只要心公平，何患世界不公平。

七、要做一個思想哲學家。佛教是小疑小悟、大疑大悟、不疑不悟，有疑惑才能解決問題；來本山不只是參加活動，要多一些思想、多一些問題，以「聞思修」才能入「三摩地」。

八、要做一個真理教育家。老病死生，任何人都避免不了。真理就是有平等普遍性；因果、緣起亦是真理，唯有信仰真理，才有永恆的快樂與生命。

179 普賢十大願

二〇一六年七月十九日，大師在佛光山如來殿大會堂，為「第八十五期短期出家修道會」、「歐美禪學營」學員及全山大眾開示。

大師從人間佛教的角度，為大眾開示《華嚴經》中的「普賢十大願」，希望大家都能在生活中實踐、落實佛法。

大師說：「『常樂柔和忍辱法，安住慈悲喜捨中』，這是《華嚴經》人間佛教修行的體現，教我們要以柔和忍辱的法門處世，並把身心安住在慈悲喜捨的生活中。

我們在生活中如何依『普賢十大願』修持呢？一者禮敬諸佛，這是人格的尊重。二者稱讚如來，這是語言的讚美。三者廣修供養，這是無限的奉獻。四者懺悔業障，這是認錯的美德。五者隨喜功德，這是與人結緣、給人的歡喜。六者請轉法輪，這是真理的傳播、法音的宣流。七者請佛住世，這是聖賢的禮遇，讓肯為眾生服務的人，長久在世間為大眾服務。八者常隨佛學，這是智者的追隨，教我們親近善知識，跟隨有道之人學習。九者恆順眾生，這是與人不對立，不執著亦不計較。十者普皆回向，修行裡最討巧的法門，就是回向。回向的功德廣大無邊，我沒有力量，唯願一個麵包讓天下眾生飽暖、不受飢寒。

你散開出去的純淨、謙卑的善念，就等同『貧女一燈』，具有無限的力量，可能超越一萬個麵包的布施功德。」

180 以法為尊的清規

二〇一六年七月二十三日上午，「典制會議」於紫竹林召開，大師隨緣前往指導。

大師說：

一、佛光山未來訂定的清規、法條，每三年可以審議更改，因為時代不斷地在變、進步，內容必定有得失，窮則變，變則通，更改就會進步，更改就能向前，好比前面沒有路，或者有牆壁擋住，不轉個彎怎麼再前進呢？不要執著！

二、初訂清規要很慎重，不能以一時哪一個人好、哪一個人不好來設想，清規不是為哪個人而訂的，是為教團而訂的。不要我見、我執、我思、我想，不要以我為中心，要以佛光山做中心，為佛光山訂戒條。

三、最初的佛教，無論佛陀或者出家弟子，都是以法為中心，佛是依法而成佛，僧伽是依法而修行，法最尊、法第一。但是佛教流傳到了後期，則是法第二、佛第一。現在末法時代，變成佛、法不重要，師父很重要，像密教以上師為第一，顯教在家弟子也說：「我是哪一個廟的信徒」、「哪一個人的信徒」。所以我建議：將來的佛教，人沒有徒弟，只有佛教；法有弟子，大家要以法為尊。

181 來世再相見

二〇一六年七月二十九日晚，大師與「國際青年生命禪學營」學員暨全山大眾接心。大師以「男女情感」為題，為青年剖析情愛的面面觀。

大師說：「我一生沒有上過學，十二歲便在寺廟出家，一待十年。二十三歲來台後，經常受別人請託解決男女問題、排解家務糾紛，由此因緣慢慢從寺廟走進社會，走入家庭，也走入群眾。

情愛的問題，在世間都免不了會遇到，人因貪愛的執著而讓自己輪迴於痛苦之中。離欲不容易做到，人要有出離心才可以出家；若離開不了欲，可以用愛來淡化。愛不像欲望那般強烈與占有，愛是奉獻，可以愛社會、愛國家、愛人類，以大愛成長道德，以慈悲昇華心靈。學習運用情義領導情愛，從欲望的占有到願意付出愛心，從愛昇華到有情有義。情義人生，可以讓自心出離情執愛染的纏縛，做一個不受情愛控制的自由人。」

最後開放現場提問，菲律賓的學生 Lady Ann Ciraco 向大師表示：「我們向您保證，十年後，所有光明大學的畢業生都會弘揚人間佛教，而我將傾盡所學，為世界和平努力。」

大師真誠地回應：「如果我活不到那天，來世，我會再來看你們。」

大師這句「來世再相見」的感性告白，讓現場近三千人都流下眼淚，深受大師的「悲心」所感動。

182

功德不是用價格衡量

二〇一六年十一月二十六日，回山靜養的大師，一心繫念大眾。特別預先錄音，於佛陀紀念館菩提廣場向參加水陸法會送聖的信眾開示。

大師說：「大家虔誠恭敬三寶和護法龍天，以及十方法界一切眾生，都給予他們供養的機緣，因此功德無量，如今將客人如法如儀的送走，相信內心必定無比安詳自在。

我雖然眼睛看不見，但從心裡看得到大家真心懺悔的禮拜、義工們熱情的服務；也聽得到虔誠唱誦的音聲。你們的用心、發心，必蒙佛祖感應，所求如願。

信仰並非商品，不能以價格衡量。誦經的功德在於是否誠心，因為眾人的熱忱宴請，相信無論有形無形眾生皆能感受得到，他們也會打從心底祝福大家平安吉祥。」

183

一生都沒有改變過

二〇一七年八月六日下午，
大師於本山傳燈樓會議室與中生代徒眾六十人接心。

大師說：「我的家族裡，沒有人是富貴、有辦法的；就是出家了，我也只有一個師父，沒有富貴、財產。但是，我從十二歲說要出家，就沒有第二個念頭，一生都是做和尚，即便有另外的財富要給我，我也不要，『我已經有師父了，不會改變的！』跟隨師父，雖然他貧窮，沒有財富，沒有富貴，但是我也甘願。」

大師又說：「我發願為佛教，一生都沒有改變過。佛光山是永遠的常住，你們要能把佛光山永久維持下去，認定：『這是我們的佛光山！』」

184 將佛聲傳遍天下

二〇一八年三月二十一日晚上，宗委會主席心保和尚召集全山大眾普茶，並恭請大師於佛光山如來殿四樓集會堂與眾接心。大師以預先錄音開示。

大師說：「在叢林寺院裡，住持大和尚每年都會舉辦茶話會，與大眾互相交流，此即所謂的『普茶』。從『普』這個字的意義，可以看出叢林的『普遍平等』、『普同供養』的精神。」

隨即，大師也現身於會場致意。大師說：「自從十二歲出家，很有福氣。自從做了和尚以後，就一心一意沒有退過道心。」

大師勉勵大眾表示：「你們在講經、弘法上，要好好用心學習。希望你們把佛教的歌曲傳到社會上，讓大家都能接受。將佛聲傳遍天下，增加信仰的人口，這是很重要的。」

185

病後字

二〇一九年八月二十四日中午，大師於佛光山傳燈樓光雲堂接受佛館顧問暨知名電視製作人趙大深、戴玉琴伉儷、台灣3D首席導演曲全立及攝影團隊錄製「病後字」相關畫面兼採訪。

提問：「您寫字很辛苦，做弟子的我們看了很捨不得，為什麼您還是要寫？」

大師說：「為了要給人歡喜、給人高興，總之盡心盡力。」

提問：「您很注重教育，寫字是為了幫助普中好苗子、印度沙彌、南非天龍隊等等。為什麼特別想為他們寫？」

大師說：「能為他們盡一點心，給予一點方便，也是我一生最歡喜的事情。」

提問：「您寫『一筆字』跟『病後字』，有沒有告訴自己每天固定要寫多少？」

大師說：「我沒有什麼一定的功課，總之人生從早到晚，除了不得已睡覺以外，都是在為大家服務。服務就是歡喜、就是快樂。我老了，雖然想為大家多做一點事情，但力量不夠。不過，歡喜還是一樣的。」

提問：「您寫『病後字』，覺得最困難的是什麼？」

大師說：「我對做人做事，不覺得有困難，甚至給人欺負、壓迫，也不覺得困難。為什麼？我總想要為人服務，為大家做一點事情，一點困難也是快樂，不要緊。」

提問：「您最喜歡寫什麼字？」

大師說：「沒有什麼最歡喜、不歡喜。我本身沒有很高的能力，慚愧！不過大家歡喜，我就跟著他歡喜；大家認為我有缺點，我就改進，也是歡喜。我覺得，能有人，大家一起合作，就有歡喜、就有快樂。」

提問：「您養了這麼多的好苗子，希不希望他們長大以後回饋我們？」

大師說：「不要他們回饋。對國家、對社會、對自己做個優秀的人就好。」

提問：「您寫『一筆字』的時候就非常辛苦，現在寫『病後字』，是比『一筆字』寫得更辛苦了。」

大師說：「不辛苦，覺得自由自在。盡力就好，能做多少就多少。」

186

叢林普茶，我在眾中

二〇一九年三月十三日，「佛光山二〇一九年春節平安燈法會」圓滿，為感謝佛光山僧信四眾集體創作，成就燈會盛景，於雲居樓齋堂舉行春節普茶聯誼會。

大師以新作《我不是「呷教」的和尚》及結緣品表示心意，並以視訊開示。

大師說：「普茶，一個寺院叢林裡面，住持大和尚以茶會來慰勞大家平時的辛勞。無論人數的多少，就是幾千人也都可以同時請吃普茶。除了茶，還有點心供養，表示常住對大家的關心與慰問，無論職位的高低，最重要的是讓每一個人都體會到『我在眾中』的可貴。」

187 信仰使生命洋溢真善美

二〇一九年十二月二十五日，由中華傳統宗教總會、文化部文資局、高雄市政府，共同舉辦的「二〇一九世界神明聯誼會」，在佛陀紀念館大覺堂登場，大師親臨現場致歡迎詞。

大師說：「祝福大家吉祥，人民安樂，感謝各宗教同心協力成就這場國際盛會。共有來自海內外的千家宮廟、三千尊神尊、七萬名信眾共襄盛舉。歡迎大家每年都來聯誼。」

宗長心保和尚感謝大家從海內外各地前來，如同大師說「信仰是我們的生命！」相信藉由彼此攜手同心的力量，讓宗教信仰從人我之間往外持續擴大，更能讓世界洋溢真善美。

188 關注全球疫情

二〇二〇年七月二十日晚間，大師聽聞全球受新冠肺炎疫情影響相關報導後表示，未來大眾要注意面對幾種的問題。

大師說：「全世界都有疫情，佛光山在全球也都有道場，我們要能一體關注到世界各國的情況，這是同體共生的時代。

有以下幾個面向要注意：

一、食物；二、安全；三、健康；四、往來。

大家在這些層面再度深思，必定要有良好的因應方針。」

189

慈悲發心，隨力隨緣

二〇二〇年八月二十六日至二十八日，遠見．天下文化創辦人高希均教授、發行人王力行女士帶領同仁一行七人，到本山參訪及探望大師。高希均教授表示，遠見天下出版了大師三十本書，每一本都很感動人。

大師回答高希均教授一行人的提問：

一、希望未來國家能和平安樂、人間能快樂歡喜、人民平安幸福、生活自由自在、世界沒有鬥爭。

二、一生面臨十多次的死亡邊緣，也沒有覺得可怕。總想人還會再來，活到現在更覺得安心了。

三、寫「一筆字」時最喜歡寫「慈悲」、「發心」，我想自己智慧還不夠，但慈悲應該有一點。

四、遇到不好的人也不要緊，可能是我欠他、對他不起，感謝他給我一個道歉的機會，我也要改變自己。藉這個因緣，解不好的緣分，將來結個好緣。

五、為國家社會做許多事，我也沒想好不好，只是隨心、隨力、隨緣而已。

190

處世無畏，和平共存

二〇二二年一月一日，今年歲次值「壬寅虎」，大師依往例題寫春聯「處世無畏，和平共存」為信眾祝福。

由於自二〇二〇年，全球遭受新冠病毒（COVID-19）肆虐，二年來未見趨緩，造成人心惶惶。大師說：**「希望舉世大眾都能從信仰中建立信心，獲得力量，讓我們不再怖畏，並且懂得尊重生命，能與眾生和平共存，才是幸福安樂之道。」**

人間佛教叢書

星雲大師如是說 ㊂ 說天下事

星雲大師闡述・弟子輯錄／文稿選編自《星雲大師全集・如是說》

發 行 人 慈容法師
執 行 長 妙蘊法師
編 輯 部 賴瀅如 蔡惠琪／特約編輯 田美玲
美術設計 許廣僑
繪 圖 吳沁頤

出版・發行 香海文化事業有限公司
地 址 241 新北市三重區三和路三段 117 號 6 樓
110 臺北市信義區松隆路 327 號 9 樓
電 話 (02)2971-6868
傳 真 (02)2971-6577

香海悅讀網 https://gandhabooks.com
電子信箱 gandha@ecp.fgs.org.tw
劃撥帳號 19110467
戶 名 香海文化事業有限公司

總 經 銷 時報文化出版企業股份有限公司
地 址 333 桃園縣龜山鄉萬壽路二段 351 號
電 話 (02)2306-6842

法律顧問 舒建中、毛英富
登 記 證 局版北市業字第 1107 號

定 價 (新臺幣) 單本 360 元 / 套書 1080 元
出 版 2024 年 8 月初版一刷
ISBN 978-626-98849-2-6(單本)
978-626-98849-3-3(套號)

建議分類 勵志｜修持｜管理

香海悅讀網

香海文化

國家圖書館出版品預行編目 (CIP) 資料

星雲大師如是說 . 參 說天下事 / 星雲大師闡述 ;
弟子輯錄 . -- 初版 . -- 新北市 :
香海文化事業有限公司 , 2024.08
324 面 ; 14.8 X 21 公分 . -- (人間佛教叢書)
ISBN 978-626-98849-2-6(平裝)
勵志｜修持｜管理

225.87 113011281